DU MÊME AUTEUR

Aux Éditions Plon

AUTOPORTRAITS EN NOIR ET BLANC, 2001.

Aux Éditions Le Passage

BIOGRAPHIE D'UN INCONNU, 2008.
L'ORIGINE DE LA VIOLENCE, 2009.
LA FORTUNE DE SILA, 2010.
AVANT LA CHUTE, 2012.

ÉDEN UTOPIE

FABRICE HUMBERT

ÉDEN UTOPIE

roman

GALLIMARD

Arbre généalogique simplifié

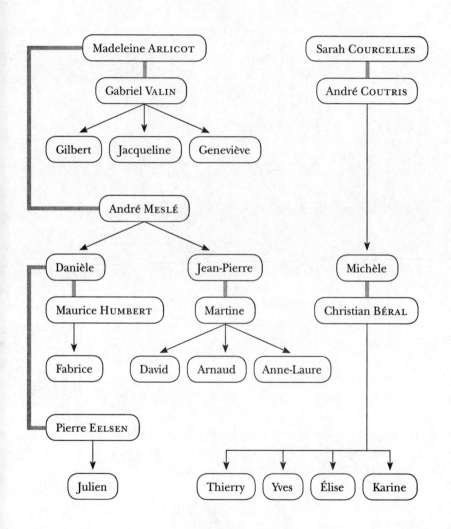

Arbre généalogique simplifié

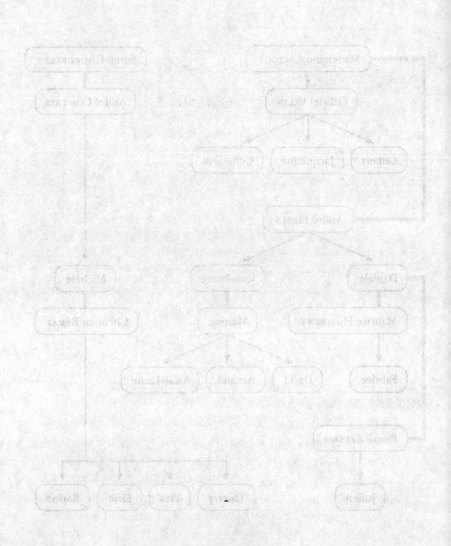

I

Les fondateurs

1

La photographie montre des jeunes gens, le buste nu, en équilibre sur une charpente de bois. Au premier plan, un adolescent, à califourchon sur une poutre, sourit. La légende indique pour date juillet 1946.

L'histoire d'une famille n'a sans doute pas d'origine, simplement des figures qui s'estompent à mesure qu'on remonte dans le temps avant de s'éteindre tout à fait. La mémoire retombe dans l'ombre. Mais pour l'histoire qui m'occupe ici, et dans le dessein très particulier qui m'anime, il me semble que cette date de juillet 1946 fixe l'origine de ce récit.

C'est en effet en juillet 1946 que la Fraternité s'érigea. Trois hommes, André Coutris, Emmanuel Rochefort et Daniel Jospin décidèrent de bâtir un édifice commun. Comme André Coutris avait fait des études d'ingénieur et qu'il était par ailleurs très habile de ses mains, tout le monde le suivit. André traça les plans, songeant à la fois à la faiblesse de leurs moyens — on sortait de la guerre —

et au fait qu'ils devraient néanmoins bâtir une maison solide. Il y eut beaucoup de conciliabules cet hiver-là. On se réunissait en général chez les Coutris, dont la maison était la plus belle et la plus spacieuse, au milieu d'une grande propriété, tandis que grand-mère Mercier, la belle-mère d'André, préparait la cuisine — une cuisine délicieuse et odorante qui faisait fondre les estomacs à sa seule odeur, surtout après tant d'années de privations. Et je me demande si le grand projet de la Frater aurait survécu sans la promesse de ces délicieux repas de la grand-mère Mercier. Les trois hommes étaient alors dans la force de l'âge. Ils avaient une quarantaine d'années, avaient tous femme et enfants, ils avaient survécu à la guerre, avec des convictions différentes : André Coutris était gaulliste, Daniel Jospin, après avoir fait partie du groupe de résistance Combat, hésitait sur ses apparte-nances et Emmanuel Rochefort était communiste. Mais les trois hommes ne se disputaient pas, un projet trans-cendait leurs différences : ils voulaient apporter la paix et la fraternité. Ils étaient protestants. Et ils l'étaient avant tout, bien avant d'être communistes ou gaullistes. André ne se couchait jamais sans avoir lu et médité une page de la Bible. On me dit aussi que c'était un homme qui vivait «la Bible à la main» (j'aime l'expression). Toute sa conduite était empreinte de cette conviction. C'était un homme droit et intègre, peut-être un peu rigide mais je me demande si je n'écris pas cela par pur cliché, simplement parce que en France, où les protestants sont très minoritaires et où ils ont été persécutés pendant des siècles par les catholiques, on a tendance à les figer dans les clichés de l'austérité protestante.

12

C'est au cours de cet hiver qu'ils achetèrent le terrain de la Frater qu'ils avaient en vue, juste à côté du temple protestant de la ville où tous habitaient, Clamart. Le temple se trouvait rue du Moulin-de-Pierre. C'était un effort financier mais les terrains, à cette époque, n'étaient pas chers et beaucoup de paroissiens mirent la main à la poche, même si les trois familles furent plus généreuses que les autres. Pour rassembler l'argent, il y eut des quêtes, des tracts furent distribués dans les rues. On récupérait des matériaux dans les décharges, dans les maisons en ruine. Des briques furent vendues une par une : chaque acheteur écrivait un message inséré ensuite dans la brique, avec le nom du donneur.

Au printemps, les trois hommes bâtirent le rappel des troupes. Ils avaient des enfants, et ces enfants avaient des amis. Au total, en configurations mouvantes suivant les jours et les horaires, le projet pouvait être soutenu par une vingtaine ou même une trentaine de personnes, plus ou moins motivées, plus ou moins habiles de leurs mains, mais en tout cas susceptibles de participer au grand œuvre.

Au début de juillet 1946, sur le terrain nu de la rue du Moulin-de-Pierre, juste à côté du minuscule temple coloré qui abritait les cultes, une vingtaine de bâtisseurs, en short et torse nu, car il faisait très chaud cet été-là, furent rassemblés pour creuser les fondations et élever les premiers éléments de la Fraternité. La plupart étaient des adolescents d'une quinzaine d'années, et pour avoir une image d'eux, je crois qu'il faut simplement penser à des scouts. Sous les ordres d'André, ils se mirent à creuser les trous, tandis que les femmes et les filles, à la maison, préparaient les provisions pour le buffet qui devait les nourrir à midi. Puis les murs commencèrent à s'élever, brique par brique, chaque brique du pignon abritant un nom, une volonté, un donateur. Pendant un mois, avec un enthousiasme parfois lassé, surtout en début et en fin de journée, ils bâtirent la Fraternité, qui devait les accueillir par la suite pendant tant d'années : cette maison fut leur œuvre et chaque fois qu'ils y entraient, chaque fois qu'une soirée y était organisée ou qu'une pièce de théâtre y était jouée, ils pouvaient se dire : «C'est moi qui l'ai bâtie de mes mains.» Et c'est pourquoi jamais personne ne toucha à la Frater. Jamais personne ne l'abîma ni même ne la salit : ils en étaient les maîtres d'œuvre.

Le 10 septembre, la Frater fut inaugurée. Une grande bâtisse sans grâce, haute de deux étages, couverte de crépi, avec une porte largement ouverte sur laquelle on lisait en gros : LA FRATERNITÉ. Et tous s'engouffrèrent dans le bâtiment qui incarnait les espoirs des trois hommes. La jeune troupe animée qui écoutait les discours ce jour-là puis qui chanta devait être la génération de la relève. Ils ne seraient pas comme leurs aînés, ils ne s'affronteraient pas et ils bâtiraient un monde meilleur, avec la même foi et la même bonne humeur qu'ils avaient manifestées lors de la construction de la Fraternité. Les trois hommes avaient connu deux guerres mondiales, qui n'étaient sans doute qu'une même guerre aux comptes troubles, l'une surgissant de l'autre comme un rejeton monstrueux, avec des conséquences encore plus terribles. Ils avaient perdu des proches — André avait perdu son père en 1914, la première année de la guerre —, ils avaient vu la ruine de leur pays, épuisé par les saignées de 14-18, mis à genoux en 1940, ils s'étaient battus, ils avaient perdu puis vaincu, et en même temps ils avaient le sentiment qu'il ne s'agissait plus de victoire, qu'il n'y avait plus de victoire possible, que ce mot n'existait plus et que simplement on avait arrêté. Et maintenant, il fallait arrêter pour toujours, il fallait participer à la création d'une autre société, plus juste et plus humaine. Plus fraternelle. Ils y croyaient sincèrement, parce qu'ils avaient la foi, parce que c'étaient, aussi ridicules et anachroniques que semblent ces termes, des hommes bons et droits. Leur brique dans ce monde, c'était la Fraternité, microcosme de la société à laquelle ils aspiraient. Leur message était scellé dans les murs et les consciences. C'étaient leurs fils et leurs filles, c'était cette communauté qui allait prolonger leurs volontés et leurs espérances.

Le sujet de ce livre n'est pourtant pas l'histoire de ces trois hommes. Mes forces n'y suffiraient pas. Je me propose simplement de faire le récit des Coutris, ma propre famille maternelle. Des Rochefort et des Jospin, d'autres feront le récit, sachant que parmi ces jeunes gens de la Frater se trouvait un Jospin qui a participé à sa façon à l'histoire de notre pays. On le connaît mieux que ma famille et il faut bien dire que seuls les ignorés sont le terreau de la littérature. Les célèbres et les puissants, si menacée, si fragile et éphémère que soit cette puissance, sont la matière de l'Histoire et ils se meuvent mal dans la fragile dentelle de la littérature. Toutefois, comme l'Histoire et la littérature, récits de la vie des hommes, partagent certaines frontières, disons que je vais tenter de raconter cette histoire de la fraternité.

2

La semaine dernière, je me suis rendu à Clamart. Je suis allé rue du Moulin-de-Pierre. À la place de la Fraternité se tient une imprimerie et le petit temple qui la jouxtait est désormais fermé par une grille. Le nouveau temple, un peu plus bas dans la rue, est beaucoup plus grand et plus moderne, ses locaux sont aussi ceux de la Fraternité. Un culte s'y tenait. Une quinzaine de personnes y participaient, toutes âgées. Il y avait aussi un handicapé en chaise roulante. À ma vue, une petite femme s'est levée et m'a demandé ce que je voulais. Je lui ai dit que je cherchais des informations. Elle m'a adressé à la présidente de l'association, m'a fait visiter les lieux, très aimable. Je lui ai dit que ma famille avait beaucoup participé autrefois à tout cela. Elle m'a demandé mon nom. Mais mon nom n'avait pas d'importance, alors je lui ai cité des noms de ma famille maternelle. Je lui ai parlé des années 1950. Elle a souri. Elle m'a dit que des jeunes venaient mais que ce n'était plus la même chose : la Frater ne pouvait plus être le centre de leurs vies. On n'était plus dans les années 50. Il y avait la télé maintenant, Internet, chacun avait sa vie propre. On ne vivait plus ensemble.

Tout cela ne me surprenait pas. Je savais bien que la Fraternité avait changé, je voyais la société. Mais je suis néanmoins resté assez longtemps, à la recherche des traces. Des fragments du passé flottaient, invisibles et offerts. Ma mère, ma tante, mon oncle les auraient sans doute saisis. À mes yeux, ils étaient comme un domaine caché, derrière les murailles de la mémoire et du souvenir. J'observais les pavillons en meulière, les grandes maisons entourées de jardins. Tout était paisible ici, opulent aussi, d'une richesse tranquille. Pour un être attentif au passé, respirant patiemment les parfums d'autrefois, mille fantômes flottaient, et dans le silence de cette rue déserte, où seul se tenait, debout et vaguement inutile, un jeune homme avec un gilet fluorescent marqué « sécurité », chargé de faire traverser les enfants lorsqu'ils sortiraient de l'école, des âmes en noir et blanc circulaient, non pas comme un grand charroi dans le ciel, mais comme un passage d'enfants dans les interstices du temps. Tous les noms des Coutris, Meslé, Valin, Béral, Rochefort, Jospin, Gauthier, Gachet, d'autres encore, proches et moins proches, familles et amitiés de famille, tous ces noms dont j'avais pu entendre l'écho au cours de ma vie, sans forcément identifier des visages. Le défilé d'une troupe d'enfants et de jeunes gens, oui, jeunes, forcément jeunes, puisque c'était ma mère, mon oncle, ma tante comme je ne les avais jamais connus, comme je ne pourrai jamais les connaître. La seule musique du temps, peut-être celle aussi d'une fraternité dont j'ignorais tout et qui se découvrait soudain à mes yeux, domaine caché mais aussi entrouvert, dissimulé dans le repli des mémoires, visible naturellement aux initiés et cependant dévoilé en partie par les mots.

Voilà des années que je voulais parler de cette part de ma famille, sans doute parce que les deuils qui nous avaient affectés, que nous en parlions ou non, car nous ne sommes pas bavards, m'avaient donné envie de retenir

17

le passé, ce sable égaré du temps. Depuis la mort de ma grand-mère en tout cas, je voulais parler de tout cela. Je me suis lancé plusieurs fois, vainement. À partir de mes souvenirs, en les entrelaçant de fiction. Mais sans doute parce que tout cela n'était que trop réel, je ne pouvais continuer. La fiction, qui d'ordinaire me lance, me retenait, m'alourdissait, et surtout, curieusement, ôtait tout sens aux mots. Ils perdaient toute substance, comme creusés de l'intérieur.

Alors un jour, j'ai décidé de demander aux membres de ma famille. Je l'ai dit, nous ne sommes pas bavards et c'est pourquoi j'avais tant hésité à demander.

Et pourtant, ils ont bien voulu parler. Je me suis rendu chez ceux qui habitaient près de chez moi, j'ai interrogé les autres au téléphone, même ceux que je n'avais pas vus depuis de nombreuses années. J'ai aussi interviewé des amis de la famille, dont le regard était plus neutre et la parole plus libre. Certains m'ont parlé de la Fraternité, et lorsque ce nom dont j'ignorais tout est entré dans le paysage, tout s'est ordonné, comme jamais aucun autre souvenir n'avait pu le faire. Un écho est passé de témoignage en témoignage, le domaine caché s'est élevé et j'ai compris qu'il y avait quelque chose à savoir. Non pas un secret de famille mais une signification. J'ai compris le lien entre les événements épars, j'ai compris la fureur et l'harmonie, j'ai compris pourquoi certains noms revenaient dans les conversations.

Le passé n'a pas d'autre destin que de s'anéantir dans l'invisible. La Fraternité n'avait sans doute pas d'autre destin que de disparaître dans sa forme première et je ne pouvais qu'errer dans les rues de Clamart derrière des fantômes. Je n'étais pas mes parents et mes grands-parents, je n'avais pas d'accès, malgré tous mes efforts, au Temps. Mais il y a une beauté et une grandeur des fantômes, et sous une autre forme je pouvais tenter de retrouver le passé. Bien sûr, sans doute ne m'adressais-je, en ce vendredi pluvieux de ma visite à Clamart, qu'à de pâles imitations d'une ferveur et d'un espoir disparus, mais en m'engouffrant dans les interstices, les mimes, les imitations, il ne m'était tout de même pas impossible d'approcher le domaine caché. Dans les souvenirs d'autrui, dans les imperceptibles traces qui se terrent en moi-même se trouve le chemin vers ce domaine merveilleux.

Après ma visite de la Fraternité, j'ai repris ma voiture. J'ai songé à me rendre chez la pharmacienne qui présidait l'association et qui avait fait un film sur elle. Mais j'y ai renoncé, je ne sais trop pourquoi. Il s'était remis à pleuvoir. Je tournais dans Clamart. Je contemplais le mélange d'habitations modernes et anciennes de cette ville, je conduisais lentement. Parfois, on me klaxonnait en me dépassant. Cela aussi devait s'effacer. Cet immeuble moderne, ces voitures, ce Tabac au coin de la rue. J'avais besoin du Clamart d'autrefois, en noir et blanc, avec ses grandes avenues résidentielles, son bois nommé «tapis vert», ses rares voitures. La ville devait s'offrir de nouveau à son passé. Une banlieue cossue, pas vraiment bourgeoise mais aisée, avec une alternance de belles demeures et de maisons plus modestes. J'avais besoin d'entrer dans les souvenirs.

3

Je remonte le temps et j'essaye de comprendre.

Je crois qu'il faut partir de deux noms : Madeleine Arlicot, ma grand-mère, et Sarah Courcelles, sa cousine germaine.

Enfant, entendant parfois ce nom d'Arlicot, je pensais à *haricot*. Et Courcelles fait songer à une grande famille française, les Chaudron de Courcelles, alors même qu'aucun rapport n'est attesté, les Courcelles, comme toute ma famille, appartenant à un milieu d'ouvriers et d'artisans. (Remonter dans le temps, c'est aussi se plonger dans des noms de métiers qui n'existent plus, comme ciseleur ou lingère, métiers des parents de ma grand-mère.)

Madeleine, née en 1910, et Sarah, plus jeune de deux ans, étaient deux cousines germaines élevées comme deux sœurs et qui se sont toujours considérées comme telles. Une photo de 1917 les montre vêtues de blanc, en dentelles, un nœud dans les cheveux, avec des ballerines noires et des chaussettes blanches, se tenant par la main, avec ce caractère un peu figé des photos de l'époque, devant un décor *artistique*, une peinture de forêt. On dirait des poupées. On les a faites belles pour cette occasion rare, la photo de l'âge de raison. Madeleine est plus grande que Sarah, qu'elle semble soutenir de son bras gauche passé derrière son dos. Elle sourit tandis que sa cousine esquisse une moue de timidité. À leurs côtés se tient, enrobé de dentelles comme un bonbon ou un petit singe de cirque, avec les mêmes ballerines, leur cousin Courcelles, très jeune enfant, angelot aux cheveux bouclés à qui on donnerait le bon Dieu sans confession, et qui finira en prison pour braquages, suivant une habitude familiale un peu gênante.

Je connais mal Sarah, dont il ne me reste que quelques souvenirs, en particulier celui d'une femme habillée de noir, le buste droit, silencieuse, les cheveux très blancs relevés en chignon, lors d'un dîner organisé dans mon enfance rue des Haudriettes dans le Marais — encore ce souvenir est-il nié par tout mon entourage qui m'affirme que Sarah n'a jamais porté de chignon.

Je connais très bien Madeleine, ma grand-mère. Mille images d'elle demeurent en moi et se lèvent à son évocation. Les dernières qui me viennent sont celles de sa fin. Elle était très âgée, très fatiguée, et ma tante s'épuisait elle-même à s'occuper d'elle, malgré les jeunes filles qui l'aidaient le matin et le soir, parce qu'elle ne voulait pas aller en maison de retraite. La dernière fois que je l'ai vue vivante, c'était à l'hôpital. J'avais failli ne pas y aller parce que j'étais sorti de cours fatigué. Je m'étais dit que j'y retournerais un autre jour. Et puis une fois dans la voiture, j'avais décidé de m'y rendre. Elle n'était plus elle-même. Recroquevillée dans son lit, elle dormait, si l'on peut appeler ainsi un état d'épuisement qui se rapproche de la mort. Son visage était tuméfié comme celui d'un boxeur, bien loin de son apparence habituelle, avec deux tuyaux dans les narines. Elle avait eu droit à une belle chambre, sans doute parce que les médecins savaient qu'elle n'en avait plus pour longtemps. Il faisait chaud.

Trois jours plus tard, elle mourait. Le visage que les embaumeurs préparèrent pour la morgue était maigre et lisse et jaune, comme une momie à la perfection haïssable. Ce n'était pas non plus son visage. Toute la famille défila devant ce masque.

On m'avait chargé de faire le discours pour l'incinération. Ce fut très difficile. Quelques semaines après la cérémonie, mon oncle nous renvoya le texte du discours avec en incrustation le visage de ma grand-mère, plusieurs années auparavant, raviné et tavelé. Enfin son vrai visage, retrouvé.

Mais ma grand-mère en eut, comme nous tous, bien d'autres, à tous les âges de la vie. J'en connus finalement assez peu et les derniers, presque aveugles, m'attristaient beaucoup. Ma mère disait qu'elle n'avait jamais été belle, ce qui est sans doute vrai, mais qu'elle avait de jolies jambes. C'est déjà ça.

Parler d'elle n'est pas simple, parce que ma grand-mère ne montrait rien et ne parlait pas. Le silence faisait partie de ses attributs. Ce fut d'abord le silence de ceux qui n'aiment pas parler d'eux-mêmes mais savent être bavards sur d'autres sujets puis ce fut le silence tout court, par lassitude. De toute façon, ma grand-mère était une femme simple qui affirmait souvent n'avoir rien d'intéressant à dire et pas grand-chose dans la tête. Mais ce qu'elle avait de plus intéressant, à savoir sa vie, elle n'en parlait jamais.

Au fil des entretiens, toutefois, j'ai compris que cette vie, ce n'est pas seulement la sienne, c'est aussi celle de Sarah, et qu'il faut penser les deux en même temps, et cela dès le plus jeune âge. Leur proximité fut celle de deux enfants du même âge élevés ensemble mais elle s'explique aussi par la mort de la mère de Madeleine.

Grand-mère Mercier éleva sa fille Sarah mais aussi, en partie, sa nièce Madeleine. Ma grand-mère perdit en effet sa mère, morte de tuberculose, en bas âge et ne supporta jamais le remariage de son père.

Dans une des versions préalables de cet ouvrage, je racontais l'enfance de Madeleine en commençant par un déjeuner sur l'herbe, à la campagne, avec son père et sa mère. Mais je n'ai pu poursuivre : ce déjeuner, je l'inventais. La fiction m'offrait une chair que la biographie me refuse parce que le détail de la vie — sensations, imaginaire, intériorité — lui échappe. Mais elle butait contre la vérité. Elle n'était peut-être qu'une autre forme de vérité mais, sans que j'en comprenne bien le sens, moi qui ai toujours vécu dans la fiction, qui n'ai jamais adhéré à toutes ces questions de fiction et vérité qui me semblent un peu vaines, qui ai même écrit une thèse sur l'autofiction, j'ai pourtant dû interrompre, et cela après trois tentatives infructueuses, mon ouvrage.

Ce qui se jouait, dans ces pages abandonnées, c'était le paradis de ma grand-mère, anéanti ensuite par la mort de sa mère et l'arrivée d'une belle-mère. Mais je ne sais pas vraiment s'il en fut ainsi. Tout cela est trop loin et ma grand-mère détestait s'épancher. Toujours est-il que l'affection qu'elle ne trouvait pas à la maison, ou peut-être seulement la sœur qu'elle n'avait pas, elle l'eut dans la famille de sa cousine Sarah.

Ma grand-mère passa un certificat d'études. Elle m'a dit une fois qu'elle avait eu très peur de l'école et ces quelques années lui suffirent. De toute façon, dans son milieu, à l'époque, on ne faisait pas d'études. Je tiens pourtant à dire — réflexe du petit-fils autant que du professeur — que ma grand-mère écrivait mieux que la plupart des bacheliers actuels, avec une graphie ferme et une grammaire solide, qui ne se dégrada que dans les dernières années de sa vie. Ses connaissances de base étaient tout à fait satisfaisantes. Et elle avait lu Zola et Hugo. Un peu. Je me sens absolument héritier de cette forme de culture ouvrière de la IIIe République. Dans sa bibliothèque, dans ma jeunesse, voisinaient *Jalna* de Mazo de la Roche, un ouvrage en huit ou neuf tomes, saga familiale, je crois, des années 1930, *Autant en emporte le vent*, de Margaret Mitchell, et les livres de Denuzière, *Louisiane, Bagatelle, Fausse-Rivière*, livres que je lui avais empruntés et que j'avais dévorés. Somme toute, pour une femme qui se refusait avec une pudeur très paysanne à toute sentimentalité, ce n'étaient que des livres d'amour. Et je ne pense pas trop m'avancer en disant que c'est probablement ce qui lui a manqué une grande partie de sa vie. (Il devait aussi y avoir l'autobiographie de Simone Signoret, qu'elle avait beaucoup appréciée. Cela ne me surprend pas. Je sens qu'il y a quelque chose dans cette actrice française qui devait beaucoup lui plaire, quelque chose à la fois de très français et de très populaire ; une femme pas prétentieuse, notion essentielle chez ma grand-mère.)

Une fois son certificat obtenu, elle devint couturière, métier indiqué sur le livret de famille pour son mariage, le 20 octobre 1928. Elle épousa, semble-t-il, le premier venu, un ébéniste de vingt-trois ans (j'ai le livret de famille sous les yeux), Gabriel Valin, afin d'échapper à sa famille, et cela dès l'âge de dix-huit ans. Trois enfants suivirent, Gilbert, Jacqueline, Geneviève, une charge importante pour une très jeune femme. Ils habitaient

Paray-Vieille-Poste. Le ménage n'était pas heureux. Il y avait peu d'argent, le mari buvait trop et frappait sa femme. En 1934, une phtisie galopante l'emporta en neuf jours. Et ma grand-mère se retrouva seule et sans le sou, avec trois enfants à nourrir.

Dans le même temps, Sarah avait épousé un ingénieur de Centrale nommé André Coutris et les deux jeunes filles dont on célébrait la proximité allaient connaître un destin absolument dissemblable. La figure du destin fut cet André Coutris mais en même temps le choix intelligent d'un conjoint dénotait une vraie finesse chez Sarah. Bien qu'elle fût sans beauté — photo de mariage d'une jeune femme fade, tassée dans ses voiles blancs, regardant le monde derrière ses verres ronds de lunettes, assise à côté de son époux au sourire jovial, debout —, elle séduisit cet homme solide et intelligent. Peut-être éprouva-t-il le besoin de protéger cette fille dont chaque cliché d'enfance souligne le regard timide, apeuré par la vie, effroi qui semble s'estomper avec les années, jusqu'à devenir même fermeté lorsqu'elle est mère de famille. La religion les avait rassemblés : André et Sarah s'étaient rencontrés à la paroisse de Clamart, où la jeune femme de dix-huit ans avait été conduite par la grand-mère Mercier, récemment convertie au protestantisme et donc animée, comme tous les convertis, d'un furieux prosélytisme (Madeleine y passa aussi). André venait d'une famille appauvrie par la guerre — la mort de son père avait forcé sa mère à prendre un métier d'institutrice — mais néanmoins bourgeoise. Les Courcelles avaient d'ordinaire le choix entre l'alcoolisme et la prison. La mère d'André s'opposa farouchement à ce mariage contre-nature. En vain. André tint bon et si doux soit-il, il n'était pas homme à se faire dicter sa conduite. Il eut d'autant plus raison que son ménage fut harmonieux jusqu'à la mort. Sarah fut une mère puis une grand-mère dévouée, dont la vie épousa les êtres, se mit au service des siens. Elle devint une Coutris absolue.

D'André Coutris, je n'ai eu que des superlatifs : « un être d'une intelligence supérieure », « un homme lumineux », « une grande générosité ». Par une sorte de déformation professionnelle, je ne crois pas aux apparences : les êtres qui mettent en avant la vertu sont souvent les plus corrompus, de même que les êtres qui n'ont que la bonté à la bouche sont les cœurs les plus secs. Mais en l'occurrence, rien ne laisse penser qu'André ne fut pas l'homme qu'on présente. Et s'il n'y avait pas eu les *événements*, toute la vie de Sarah, confortablement installée dans la grande maison de Clamart, au milieu de ses trois enfants, Alain, Annick et Michèle, aurait été un long fleuve tranquille et bourgeois.

Quoi qu'il en soit, ces deux mariages bouleversèrent l'existence des deux jeunes filles. L'une se maria pour s'échapper, l'autre par amour.

4

La mort de son mari, Gabriel Valin, entama une période de pauvreté pour ma grand-mère. Elle enchaîna les métiers : vendeuse dans les grands magasins, gouvernante chez une riche famille parisienne. Et surtout elle dut se séparer de ses trois enfants, décision qui, encore maintenant, provoque remous et divergences parmi ses descendants, entre ceux qui estiment que c'était la meilleure solution et ceux qui ont souffert de ce qu'ils appellent un abandon. Madeleine, quant à elle, ne s'est jamais appesantie sur cette période de sa vie. Elle m'en avait toutefois touché un mot à l'occasion d'un entretien que j'avais fait avec elle pour un journal. Jeune professeur, je rédigeais parfois quelques articles (à l'adolescence, j'avais plutôt l'intention d'être journaliste que professeur et il m'en est toujours resté un vague désir) et j'avais eu l'intention de raconter la vie de ma grand-mère, qui s'était prêtée sans difficulté mais sans révélation (j'ai déjà parlé de ses silences) à l'exercice. Et même si le patron du journal avait réagi à l'article en s'exclamant : « Mais qu'est-ce que les annonceurs en ont à foutre de cette vieille ! », le souvenir de cet entretien m'est beaucoup plus précieux que son approbation et sa publication. D'après ma grand-mère, ses différents métiers lui interdisaient de s'occuper de ses enfants : elle ne pouvait pas les faire garder et il fallait qu'elle travaille toute la journée pour gagner de l'argent.

Quelles que soient les explications et les rancunes, l'aîné, Gilbert, fut envoyé chez des parents à Ivry et les deux filles, Jacqueline et Geneviève, chez leur grand-mère maternelle à Amiens. Jacqueline m'a rapidement raconté — c'est son style — ces années d'Occupation, dans des conditions matérielles très supportables puisqu'elles disposaient du grand jardin de la maison, où poussaient fruits et légumes, pour se nourrir. « On recevait des bombes sur la tête mais comme personne n'avait peur, moi non plus je n'avais pas peur», me dit ma tante Jacqueline. Geneviève a été plus prolixe — c'est son style — sur sa vie à Amiens, évoquant des années «dures mais heureuses». Elle retrace quelques épisodes marquants : l'exode puis le retour à la maison, les descentes aux abris ; un pavé jailli d'une explosion traverse la Somme et atterrit sur la maison, éventrant le toit et tombant dans la chambre de Jacqueline ; la même Jacqueline, déjà d'un caractère bien trempé, allant rechercher sa poupée dans les bras d'un soldat allemand ivre qui venait de la lui dérober ; des femmes de gradés allemands entrent dans le jardin et demandent à prendre des fleurs : la grand-mère, femme revêche et décidée, refuse : «Sortez de chez moi, vous n'aurez pas mes fleurs.» Dans l'après-midi, un soldat pousse la porte de la maison, s'approche de la grand-mère et déclare : «À chaque fois qu'on vous demande des fleurs, vous les donnez ou nous tuons vos petites-filles.»

Années heureuses donc. Personne ne semble souffrir de la séparation avec Madeleine. Avec Gilbert davantage. Mais, là encore, les enfants l'acceptent, s'habituent, comme ils le font toujours. Quelques moqueries des camarades : «T'as pas de mère !» Rien de traumatisant, semble-t-il.

Pendant ce temps, ma grand-mère avait rencontré un autre homme, André Meslé. On me permettra de penser que cette coïncidence de noms n'en était pas une. Sarah avait eu son André et elle était heureuse avec lui. Madeleine allait avoir le sien et même s'il n'était pas ingénieur (il était électricien), même s'il ne venait pas d'une famille bourgeoise, il serait tout de même son

André et peut-être seraient-ils aussi heureux ensemble que sa cousine/sœur l'était.

C'est comme cela que se dresse l'architecture du destin. Bien entendu, ces mots sont pompeux et je ne déteste rien tant que l'excès, le trop visible, surtout pour cette histoire sans fioritures. Mais une famille, c'est une grandeur, si pauvre et ignorée soit-elle. Juste l'histoire de deux cousines, toutes deux femmes simples, que la vie, la descendance et les cercles tourbillonnants de l'existence conduisent, oui, à une forme de grandeur.

Madeleine travaillait à l'Assistance publique, sans avoir pleinement le statut d'infirmière, puisqu'il lui manquait encore des diplômes. Et c'est durant son travail qu'elle rencontra ce malade, André, qui lui plut et avec qui elle s'installa. André est mon grand-père, et même si je l'ai peu connu, il fut comme on imagine les grands-pères, convenablement vieux et chenu, habile de ses mains. À la maison de campagne de La Mare Hermier, il avait installé son ancien atelier, avec une profusion d'outils extraordinaires qui lui permettaient de tailler tous les bois et aciers imaginables, ce qui en faisait un allié indispensable dans les jeux d'enfant. De plus, il avait une merveilleuse dextérité pour les avions en papier : je n'ai jamais vu personne plier des avions si équilibrés, planant longuement, en un lent vol suspendu et altier, perdant nonchalamment sa vitesse avant d'atterrir doucement sur le sol. Tandis que les miens basculaient brutalement vers la terre, j'admirais, avec la stupéfaction muette des enfants, cette capacité quasi magique à créer de véritables oiseaux de papier. Malheureusement, il mourut lorsque j'étais tout jeune.

29

Dans la vie, il fut un ouvrier taiseux et un mari je crois satisfaisant, à qui sa femme reprochait toutefois ses silences. Des êtres, il ne reste souvent que des détails, d'infimes détails, colportés dans les propos de table et les dîners de famille. On m'a plusieurs fois rapporté qu'il buvait comme on buvait à cette époque, *parce que le vin donne de la vigueur à l'ouvrier*. Et on m'a cité aussi une de ses phrases, enseignée à ses enfants : « Un artisan n'a que sa peau. » S'il est malade, s'il se blesse, c'est fini. Il ne rapporte plus d'argent à la maison. Deux maigres et fragiles détails.

C'était un homme distrait qui s'exprimait peu. Un jour, croyant servir du vin, il avait versé le liquide dans un rond de serviette. Sous la conduite d'une femme autoritaire, il trouva le repos dans l'écoute de la radio et la lecture du journal.

Durant cet entretien pour le journal, la voix de ma grand-mère fut plate et sans effets. Elle parlait d'elle-même comme elle aurait parlé d'une autre, factuellement, sans y mettre jamais d'émotion. Il y eut toutefois un moment où sa voix s'éleva, plus joyeuse et plus fière. Ce fut pour la guerre. La période fut difficile pour elle. La nourriture n'était pas suffisante, les hivers étaient froids, et elle tomba malade de la tuberculose, comme sa mère l'avait été. Elle dut aller en sanatorium pendant près d'un an, et à son retour l'Assistance publique lui fut fermée, parce qu'elle n'avait toujours pas eu ses diplômes. Elle me raconta également comment elle pleura le jour de l'entrée des Allemands dans Paris :

« J'étais sur les Champs-Élysées. Les soldats allemands défilaient et moi je pleurais, je pleurais. Je n'arrêtais pas de pleurer. C'était trop dur de les voir comme ça, en maîtres. Ces gars qui défilaient, des beaux gars, forts, grands, alors qu'après et surtout à la fin on verra beaucoup de très jeunes et de vieux. »

Ce propos m'a frappé. J'y vois l'avantage de mon habit d'enquêteur, écoutant, cherchant, sur celui du romancier. Seule une vieille femme qui avait vécu ces faits pouvait me révéler qu'en ce jour d'affliction pouvait aussi se mêler une sorte d'admiration désolée, qui n'était pas du tout une admiration pour les maîtres, mais simplement le réflexe d'une jeune femme d'à peine trente ans qui remarquait, tout en pleurant, que les vainqueurs étaient également des hommes jeunes et beaux.

Mais ce n'est pas sur ce passage que sa voix enfla. C'est lorsqu'elle parla d'André. Celui-ci partit au STO durant la guerre. Et Madeleine me dit en riant qu'il était employé dans une usine d'aviation et que, « comme par hasard, les avions ne partaient pas » : André les sabotait. J'avoue que je n'y crois pas trop et que le ton sonna faux. Ma grand-mère voulait sans doute un peu trop y croire, ce qui décalait sa voix. Elle aurait voulu être fière de son homme, résistant, saboteur, mais quand on songe à la surveillance imposée aux travailleurs du STO, dont les conditions de vie s'apparentaient souvent aux camps de prisonniers, surtout dans une usine d'aviations (André avait-il même accès aux avions ?), il me semble impossible qu'un sabotage, et surtout un sabotage régulier, ait pu avoir lieu. Il est bien plus probable que la relative honte toujours attachée au STO ait été retournée en mensonge. Et finalement, de la part d'une femme qui n'a jamais aimé les faux-semblants, je prends cela comme une preuve d'amour. Ma grand-mère défendait la mémoire de son homme et il y a quelque chose de touchant à cela.

Enfin, la guerre s'arrêta et la modernité commença : celle de ma mère et de mon oncle. Un cadre clair, une famille nucléaire : Madeleine, André, Danièle, Jean-Pierre. Le cadre rassurant de mon enfance, si simple et si net. Derrière ce cadre grouillaient les ombres mais je ne les voyais pas.

5

Est-il possible de tout remettre d'équerre ? D'oublier qu'on a perdu sa mère, qu'on s'est marié avec un homme violent, que cet homme est mort, qu'on a eu trois enfants dont il a fallu se séparer, qu'on a été soi-même tuberculeuse, qu'on a fait tous les métiers ? Que la vie, jusqu'à présent, a été très dure ? Qu'on a connu deux guerres mondiales en trente-cinq ans de vie ? Que des oncles, des proches, des connaissances et d'innombrables inconnus sont morts partout et tout le temps, dans les tranchées, sous les bombes, dans les camps ?

Si je repense à ma grand-mère, je devine à peu près comment tout cela s'est passé. Parce qu'elle s'approche de moi. Sa jeunesse, sans doute riche de pensées, d'espoirs, de promesses, il m'est impossible de la saisir puisque, de ma grand-mère, je ne peux embrasser que les faits. J'aurai beau écrire, cette jeune fille m'est inconnue et ne s'est pas livrée. Cette part de sa vie m'est interdite. Elle n'est que l'introduction d'une vie de mère puis de grand-mère, qui m'est alors de plus en plus riche, de plus en plus tissée de connaissances puis de souvenirs vécus, d'émotions, de visions. Oui, ma grand-mère devient peu à peu un paysage familier. Je l'entends arriver, avec son souffle malaisé, elle qui avait perdu un poumon lors de sa tuberculose, l'obligeant à s'arrêter souvent, lorsqu'elle marchait ou faisait le jardin. Encore quelques coups, encore quelque temps et elle sera pleinement devant moi.

Et telle que je la connais, je sais ce qu'est devenu en elle le passé. Il a été absorbé, comme elle absorbait tout, l'usure, les coups et les désastres, toujours endurés sans mot dire, les lèvres serrées, comme une paysanne courbée sur son champ. Ce n'est pas qu'il n'existe plus mais c'est une ombre vague, parce qu'il faut avancer, toujours avancer. Ne pas se plaindre, ne rien dire, avancer.

Le couple s'était installé au Kremlin-Bicêtre, au cinquième étage d'un grand immeuble que j'ai bien connu. Les fenêtres de la cuisine et du salon donnaient sur l'avenue, si bien qu'avec la circulation, les vitres tremblaient. Il y avait l'eau courante lorsque j'ai connu cet appartement, mais pas de salle de bains et les toilettes se trouvaient sur le palier. On se lavait dans une cuvette, qu'on sortait chaque matin d'un placard de la cuisine. Les parents dormaient dans une chambre, le fils dans le salon, la fille dans un réduit minuscule qui prolongeait le salon.

André avait repris son métier d'électricien dans son atelier, ma grand-mère s'occupait d'une boutique de blanchisseuse avenue du Maine dans le XIVe arrondissement. Les produits faisaient souffrir son unique poumon, elle respirait très mal, elle était souvent sur le point de s'évanouir. Tous les jeudis, elle allait chez Sarah et tous les dimanches à la Fraternité.

La vie de la cousine Sarah avait été beaucoup plus douce. Elle avait eu des enfants et n'avait eu aucune peine à les élever puisque André Coutris avait accompli ce que chacun espérait de lui. Le jeune ingénieur avait gravi rapidement les différents niveaux d'une compagnie d'électricité et il en était devenu le président. Sarah n'avait jamais travaillé et s'était occupée des enfants. Ils avaient une bonne à domicile et la grand-mère Mercier, la mère de Sarah, s'était installée avec eux dans la maison, à Clamart, qu'on appelait la « grande maison ».

Il s'agissait en effet d'une grande demeure au milieu d'une propriété sur le plateau de Clamart. La bonne, Maria, habitait au dernier étage, ainsi que grand-mère Mercier, qui occupait une vaste chambre, aux lourds meubles de bois. Au premier étage se trouvaient les chambres des parents et des enfants, avec plusieurs salles de bains et toilettes, et au rez-de-chaussée les pièces de séjour, salle à manger et salon, ainsi que le bureau. André y passait beaucoup de temps, pour écrire des lettres, revoir des dossiers, lire ou se divertir en faisant des intégrales, son passe-temps. Photo de lui, encore jeune, en costume cravate, lunettes carrées, cheveux courts coiffés en arrière, penché sur un dossier, une cigarette fumante dans la main gauche, un stylo dans la main droite, un encrier devant lui.

La vie était calme et régulière. C'était celle d'un patron de l'époque. André avait des horaires fixes, le chauffeur venait le chercher à 8 heures et le ramenait à 19 heures. (Liste des voitures : Break 203, Fregate, DS, 403, plusieurs

404.) Ses déplacements se faisaient pour l'essentiel en France et s'ils se produisaient hors d'Europe, notamment en Afrique, on en parlait des semaines à l'avance. La grand-mère Mercier faisait tourner la maison, donnait les ordres à Maria et servait à table, estimant que puisque sa fille et son gendre l'avaient accueillie, elle devait travailler pour eux. Et Sarah, devenue ronde, « confortable » comme elle disait, s'occupait des enfants et un peu d'elle-même, mais assez peu, car elle était dévouée aux autres. Très câline avec ses enfants, elle montrait beaucoup de chaleur et de tendresse. Elle se lovait dans sa vie douce et les autres se lovaient également dans cette maison aussi accueillante pour la famille que pour les membres de la Fraternité.

Car la Fraternité était bien le grand œuvre des Coutris. Ils pouvaient contempler avec fierté l'évolution de leur projet. L'effort de construction de l'été 1946 avait soudé les familles protestantes de Clamart, qui allaient bien sûr au temple mais s'étaient également ralliées à la Fraternité où elles avaient envoyé tous leurs enfants. Une vie communautaire s'était organisée, tout le monde se connaissait, se fréquentait, se rendait service en cet après-guerre où beaucoup de produits manquaient encore. Et même si les Rochefort, les Jospin et les Coutris demeuraient les piliers de la Fraternité, chacun s'était approprié le grand projet. Les enfants allaient tous suivre des études, ils seraient élevés ensemble, avec des principes humanistes, ils se marieraient ensemble et prolongeraient spirituellement l'édifice de la Fraternité.

Et c'est bien ce qui se passait. Il semblait que Clamart, pour toutes ces familles, n'eût pas d'autres enfants que ceux de la Frater. Alain, Annick, que tout le monde appelait Nicou, et Michèle, les enfants de Sarah et André, ne fréquentaient que ceux de la Frater dont certains trouvaient dans la grande maison une nouvelle famille. L'expression «parents de substitution» est revenue à plusieurs reprises dans les entretiens. Il est probable que Sarah, si douce et gentille, devait être pour quelques-uns, aux familles plus sévères et plus froides, une mère universelle tandis que le charisme d'André en faisait un père tout trouvé. «Guide» pour beaucoup, André était aussi, plus modestement, l'initiateur à l'alcool car il estimait qu'un homme devait aimer le whisky. Lui-même buvait sec, sans jamais être saoul, et fumait comme un pompier. On me répète qu'il vivait pour le Christ, ce dont je ne doute pas, mais un Christ Marlboro, dans ce cas.

Tout le monde se retrouvait le dimanche rue du Moulin-de-Pierre, pour le catéchisme, avant de passer la journée ensemble à la Fraternité ou dans les sorties de scouts. Quelques photographies en noir et blanc témoignent de ces activités : une tour humaine, trois jeunes gens qui s'écartent, avec des gestes surjoués, la main sur le nez, la bouche ouverte comme s'ils allaient expirer, de la chaussette tendue par un certain Sami, un petit voilier rempli de sept jeunes gens, une cabane dans les arbres, un groupe sur un sentier de montagnes.

La grande maison, certains jours, était bourrée à craquer. Elle le fut encore davantage lorsque Jacqueline et Geneviève s'y installèrent.

6

Les deux filles avaient été envoyées à Amiens et c'est là qu'elles avaient grandi. Sans doute y seraient-elles restées s'il n'y avait pas eu un événement imprévu.

« Il est arrivé quelque chose », m'a dit ma tante Geneviève. « Il s'est repassé quelque chose », dit-elle encore. « Les choses inavouables. » Elle a aussi cette expression désuète : « Motus et bouche cousue. » Ce secret lui appartient. J'ai passé suffisamment de temps avec les secrets de famille dans *L'Origine de la violence*, roman dédié à l'histoire de ma famille paternelle : ce sont des bombes à déflagration différée, emportant les vies sur le long terme. Je n'ai pas l'intention de dévoiler celui-ci et je n'ai pas cherché à le deviner. « Cela détruirait la famille », m'a-t-elle dit encore. Lorsque j'ai rappelé ma tante, le lendemain, pour poursuivre l'entretien, elle n'avait pas dormi de la nuit.

En tout cas, ce secret précipita le retour des sœurs dans la région parisienne. Que faire d'elles ? L'appartement de Madeleine était déjà trop étroit pour quatre. La situation n'était évidemment pas facile. Les deux filles n'avaient plus de refuge, leur mère ne pouvait pas les accueillir, alors qu'elle les avait déjà abandonnées des années auparavant, avant de se remarier et d'avoir de nouveaux enfants. On comprend qu'il suffirait d'un certain angle de narration pour donner une fausse idée de ma grand-mère. Disons plus simplement, et avec le plus de platitude possible, que ma famille, comme la plupart des familles d'autrefois, était gouvernée par la vie matérielle. L'affection et l'amour n'étaient pas des notions étrangères, même si ces sentiments ne se dévoilaient pas, mais le quotidien, l'effort de survie l'emportaient sur tout. Ma grand-mère n'avait plus eu d'argent, elle avait envoyé ses enfants vivre ailleurs. Et désormais, alors qu'ils revenaient, elle n'avait plus de place. Il est vrai aussi qu'elle s'était bâti une nouvelle vie, où personne ne la battait ni ne l'injuriait et où elle avait un métier. Les enfants de l'autre vie n'en faisaient plus partie. C'est une des raisons qui éloignèrent Geneviève de sa mère — elle m'affirma ne l'avoir jamais aimée. Je crois surtout qu'elle souffrit de ne pouvoir l'aimer comme elle aurait tant voulu le faire. Elle eut toujours cet élan d'amour froissé, douloureux, terriblement sensible et blessé. Et de cela, à cinq ans, vingt ans, quarante ou quatre-vingts, on ne guérit jamais vraiment.

Sarah et André proposèrent leur maison. Eux-mêmes avaient des enfants, leur fille Michèle avait le même âge que Jacqueline et Geneviève, toutes trois s'entendraient bien ensemble. Et c'est ainsi qu'un beau jour les deux filles débarquèrent dans un milieu stupéfiant, dans une grande maison luxueuse où l'on payait une domestique pour y travailler et y vivre, où un chauffeur venait tous les matins chercher un patron d'entreprise et où les samedis et dimanches se passaient dans un gros bâtiment sans élégance qu'on appelait la Fraternité.

Commença alors cette étrange existence d'invités dans laquelle se dresse une cloison invisible. Comprenons-nous bien : les Coutris étaient les êtres les plus aimables qui soient, et Michèle accueillit ses cousines avec une grande gentillesse. Elle avait enfin des sœurs, ou presque, avec qui elle pouvait jouer (sa propre sœur était beaucoup plus jeune), même si, pour cette grande fille calme, les jeux n'étaient pas très agités. Et je crois que Jacqueline s'habitua avec bonheur à cette nouvelle existence. Sur les photos de la Fraternité, elle apparaît souvent : sur une petite, une Bible à la main, en train de discuter avec André, un sourire sur le visage, un vrai pétillement dans le regard. Ou sur une autre, collective, à l'occasion d'une représentation théâtrale. Elle participa avec entrain aux activités de la paroisse : Madeleine l'avait bien entendu baptisée protestante mais elle avait eu peu d'activité religieuse puisque à Amiens sa grand-mère était catholique. Sa personnalité à la fois pragmatique, généreuse et rigide, avec une forme de retenue qui n'était pas sans évoquer sa mère, se maria parfaitement au milieu protestant de Clamart, ces êtres travailleurs et puritains dont on trouve la trace dans d'autres pays, en Hollande, dans certaines régions d'Allemagne, en Amérique aussi. Elle entra chez les scouts, devint chef, conduisit ses troupes un peu partout.

De Geneviève, je ne trouve jamais la trace. Elle n'est pas sur les photos, on a l'impression qu'elle n'appartenait pas à la Fraternité. Elle est invisible.

Durant l'entretien avec elle, je la sens blessée par cette période. Froissée d'une différence, notamment : Michèle ne faisait pas les courses tandis que les deux filles en étaient souvent chargées. De quel droit? Elles avaient le même âge, elles étaient de la même famille. Personne ne s'en apercevait mais la question des courses la minait. Pourquoi devait-elle les faire alors que Michèle se prélassait?

Geneviève utilise un terme : « le vilain petit canard ».

Celui qui n'a pas la même beauté que les soyeux canetons qui s'ébrouent dans l'eau. Elle avait l'impression de voler le pain de la maison, remarque qui m'étonne car les Coutris sont généreux et Geneviève dit avoir « un souvenir merveilleux » d'André. « Si ta sœur travaillait pas, lui aurait dit grand-mère Mercier, mère de Sarah, tu mangerais pas tous les jours », allusion au fait que Jacqueline avait commencé à travailler dans la compagnie d'électricité d'André. On lui conseillait d'être sténodactylo. Autre remarque dont elle fait état, soixante-dix ans plus tard : « Ta mère, elle peut pas t'aimer, tu ressembles trop à ton père. » Cette enfant douloureuse, blessée, agit donc comme beaucoup d'enfants blessés, par une réaction brutale : elle arrêta l'école et devint ouvrière en usine à quatorze ans, dans une imprimerie.

En réalité, ce qui se jouait là, au-delà des froissements, c'était la plus vieille histoire du monde : les Coutris étaient riches et les Meslé pauvres. Ils étaient de la même famille et pourtant différents. Les deux branches partaient du même tronc mais se scindaient.

J'ai toujours été fasciné par *Les Rougon-Macquart* de Zola. L'auteur a ses lourdeurs, qui ne me gênent d'ailleurs pas. Et j'aime en particulier *L'Assommoir*, au point de ne pouvoir le relire jusqu'au bout, tant le destin de Gervaise m'apitoie. Sentimentalité ridicule, je l'avoue. Mais il arrive un moment dans le livre où les menaces deviennent telles pour la pauvre blanchisseuse que j'arrête de lire : tout se conjugue pour écraser l'ouvrière, et l'échafaud, en quelque sorte, est dressé. J'arrête la lecture avant que la jeune femme ne soit pendue à la corde de son destin et de son milieu. Parfois, je pense à ma grand-mère soufflant dans sa blanchisserie du XIVe, avec son unique poumon.

Mais la division de la famille en deux branches me fascine encore davantage : cette branche Rougon qui accumule les honneurs et les richesses, tout en étant menacée par les tares, et cette branche Macquart multipliant les signes de la misère et du malheur. Les évêques, financiers, propriétaires face aux ouvriers, aux artisans, aux paysans. Les mêmes soubassements familiaux, les mêmes réflexes, les mêmes tares mais des milieux si différents, si antagonistes.

Les Coutris-Meslé n'ont pas l'ampleur épique des Rougon-Macquart et je ne suis pas Zola mais, au fond, ne rejouent-ils pas la même histoire, qui est à la fois celle de toutes les sociétés et d'un certain nombre de familles ?

Les Coutris étaient tous riches. Ils étaient trois frères et André n'était pas le plus riche. Sans doute était-il le plus charismatique et le plus aimé, mais son frère Roger dont on me parle souvent, pour son tempérament cassant et autoritaire, était beaucoup plus riche. Il avait épousé une héritière et ils habitaient un château. Et le troisième frère avait à peu près la même vie qu'André. Tous trois avaient fait des études et ils possédaient la culture des bourgeois de cette époque : ils aimaient lire, ils connaissaient bien la musique classique, un peu de jazz aussi. Ils avaient des professions valorisantes, des familles unies, un cercle social large. Ils avaient des chauffeurs et des domestiques.

Les Meslé étaient pauvres. Ils avaient le certificat d'études, possédaient une dizaine de livres, ils travaillaient pour survivre, habitaient un appartement étroit dans une banlieue ouvrière, et étaient sans cesse menacés par le chômage. Ils étaient malades, comme si leur milieu se déchiffrait dans leurs corps : ma grand-mère respirait mal, mon grand-père avait le cœur fragile. La famille était éclatée, marquée par la mort et le malheur, et les enfants n'allaient sans doute pas mieux réussir que les parents. S'ils faisaient un bon apprentissage, tout le monde serait content.

Or, si les Rougon et les Macquart ne se rencontrent pas, les Coutris et les Meslé, au fond, vivent ensemble. Madeleine et Sarah n'ont jamais cessé de se voir. Pas une semaine, je crois, elles n'ont été sans se retrouver. Elles étaient deux cousines et deux sœurs, je l'ai dit. De sorte que des milieux qui n'auraient jamais dû se rencontrer ont au contraire ouvert les yeux l'un sur l'autre. Les pauvres ont vu l'espace, l'argent, la culture. Ils n'ont pas rejoué la lutte des classes et André était l'homme qui pouvait le mieux faire accepter l'aisance, mais comment ne pas observer les différences? Comment ne pas saisir dès l'enfance qu'un autre monde existe?

Jacqueline l'a accepté et en a tiré parti, appréciant simplement les êtres qui l'accueillaient. Geneviève en a souffert. Mon oncle Jean-Pierre en a été nourri, aimant André et profitant de sa présence. Ma mère l'a vu et a décidé de ne pas être pauvre.

7

Durant le rapide entretien qu'elle m'a accordé pour ce livre, Danièle, ma mère, m'affirma qu'elle ne se souvenait d'à peu près rien de cette époque. Puis, d'un air un peu lassé, elle résuma cette période de sa vie en me disant simplement que ses parents et son frère étaient gentils et elle méchante. Un père silencieux mais qui gémissait sur l'argent, une mère étroite, un frère nerveux et timoré qu'elle appelait l'Idiot ou le Chouchou. On l'aura compris, ma mère aime la provocation. Des gens modestes, me dit-elle, avec une vie dure, et des petites ambitions pour leurs enfants. Elle, répéta-t-elle, elle était méchante. Elle répondait à son père, elle énervait son frère jusqu'à l'explosion, elle méprisait un peu sa mère, trop étriquée et qui ne la laissait fréquenter que les gens de la Frater. La Frater, toujours la Frater, toutes les semaines. Et surtout elle ne pensait qu'à «sortir de ce truc». Sortir du petit appartement, sortir de la banlieue, sortir de son milieu. Pas seulement ne plus être pauvre : ne plus faire partie des pauvres.

Photo de ma mère prise sur le vif, adolescente longi-ligne qui se tient prudemment à plusieurs pas de Made-leine, manifestement en train d'engueuler sa fille, mains sur les hanches. Ma mère a l'expression d'un chat qui fait une rapide contrition avant de s'enfuir.

Sur plusieurs photos, on la voit s'agiter, faire des grimaces. Commentaire de mon oncle Jean-Pierre : «Elle prétentionne.»

Je crois simplement qu'elle aimait la vie avec une sorte de sauvagerie. Elle ne travaillait pas bien à l'école, n'aimait pas les mathématiques, n'aimait pas la Surveil-lante générale qui alignait les filles en blouse dans la cour et leur faisait rentrer leurs croix, elle n'aimait pas qu'il n'y ait pas de garçons. Lors de ces entretiens, tout le monde m'a parlé de la Frater. Ma mère m'a seulement dit qu'elle trouvait cela ennuyeux parce qu'il n'y avait pas de garçons dans les groupes d'adolescentes. C'était une fille désinvolte et décidée : un jour, comme on ennuyait son frère à l'école, elle arriva et gifla tout le monde.

Ma mère aimait sortir, ma mère aimait lire, ma mère aimait s'amuser. Comme elle n'était pas très bonne à l'école, on l'envoya en apprentissage de sténodactylo, ce qui n'était pas forcément très amusant. Mais elle glissa là-dessus comme elle avait glissé sur tout, en se fichant de tout. Elle était très jolie et très vite son modèle fut Brigitte Bardot, dont le mode de vie cassait tous les codes de l'époque. Elle se coiffa comme elle, s'habilla comme elle. Elle avait été une jolie enfant blonde (on croit voir la petite fille de *Jeux interdits*), parfois crasseuse à force de jouer dans le ruisseau, puis une adolescente maigrichonne, avec des jambes comme des tiges, elle fut une belle jeune femme.

Par la suite, ma mère fut toujours à la fois consciente de sa beauté — elle s'habillait et se maquillait avec soin, passait des heures dans les magasins et, plus âgée, souffrit de la dégradation de ses traits —, et néanmoins insouciante. On me raconta que dans sa jeunesse, en des temps peu libérés, elle se promenait dans un camping quand son soutien-gorge se rompit. Et tranquillement, elle couvrit ses seins de ses mains tout en poursuivant sa promenade. La même femme, des années plus tard, alors que je me trouvais à côté dans la voiture, perdit une dent à pivot. Elle se mit à rire tout en cherchant sa dent, comme une clocharde, avec un grand trou noir au milieu de la bouche, aussi indifférente à cette perte qu'elle l'avait été à la nudité de ses seins.

Pour sortir du *truc*, ma mère ne connaissait pas grand-chose. Parce que tous les garçons la regardaient, elle voulut devenir mannequin. Le verbe «voulut» ne convient sans doute pas très bien à ma mère, qui est un mélange assez curieux de détermination et de négligence totale. Mais le projet se comprenait facilement : elle était très grande pour l'époque (un mètre soixante-quatorze), belle, avec de longs cheveux blonds qu'elle éclaircissait. Madeleine refusa absolument. Pour elle, un mannequin n'était jamais qu'une forme un peu améliorée de prostituée. Cela acheva d'exaspérer ma mère, qui finit néanmoins par oublier.

Elle ne sortait donc pas du «*truc*». Tout en elle montrait pourtant qu'elle ne voulait pas en faire partie. Les signes sociaux n'adhéraient pas à elle. Elle s'exprimait parfaitement, écrivait avec élégance, s'habillait avec goût malgré le peu d'argent alloué aux vêtements. On se moquait même de son ton de voix, affecté, qui la faisait passer pour une snob. C'est qu'elle était prête à la mue sociale. Elle ne faisait rien pour cela, elle ne se préparait même pas consciemment, mais elle était prête.

Et dans ce but, la Frater, où se mélangeaient les classes sociales, n'était pas le plus mauvais calcul de ma grand-mère.

La Fraternité prospérait à la manière souple d'André Coutris. Le chef charismatique, épaulé par les bonnes volontés des deux autres familles, édifiait lentement, et sans avoir même l'air d'y penser, la communauté humaniste dont les trois fondateurs avaient rêvé. Président du conseil presbytérien, auteur de plusieurs pièces jouées par les jeunes, responsable permanent de tout et de tous, père de substitution, André portait toutes les casquettes sans jamais avoir l'air fatigué ou lassé, et en maintenant une stricte séparation avec ses activités professionnelles. Les enfants allaient à l'école biblique, croyaient en Dieu, grandissaient, devenaient Louveteaux, Petites Ailes, Éclaireurs, puis entraient à L'Union chrétienne des jeunes gens où ils refaisaient le monde. Tous aspiraient à la fraternité, à la droiture, au travail et au protestantisme. Le sexe n'existait pas et tous, garçons ou filles, arrivaient vierges au mariage. Pendant les inspections médicales pour la guerre d'Algérie, les conscrits affirmaient que de toute façon ils n'avaient jamais eu de relations sexuelles. Comme me l'a dit l'un d'entre eux, ils étaient comme des Amish qui auraient eu l'électricité. Ils vivaient entre eux et ne percevaient le monde qu'à travers le modèle de la Fraternité.

Le pasteur Béral, qui arrivait, débonnaire et souriant, sur sa petite moto, se chargeait de leur enseigner les valeurs bibliques. Le petit homme, dégarni et bien-veillant, profondément croyant, rappelait qu'à côté de la Fraternité existait le Temple et que les deux forces étaient complémentaires. Il avait pour lui son sourire, une voix de stentor qui résonnait dans le temple et son aura de résistant des Cévennes, sa terre natale. C'était un homme de caractère qui s'énervait pourtant rarement et dont la légende affirme qu'il ne gifla qu'un seul homme dans sa vie, et cet homme était le futur Premier ministre Lionel Jospin. Le jeune Lionel, reconnaissable à sa grande tignasse, était à vrai dire un des garçons les plus turbulents de la Fraternité. À l'âge de onze ans, il prit la grande décision de conduire la toute nouvelle Simca qui remplaçait l'ineffable moto du pasteur. Celui-ci, sortant du culte, ne découvrit qu'un grand vide à la place de sa voiture. Affolé, il se mit à courir dans le quartier et tandis qu'il descendait la rue à toute vitesse, il aperçut Lionel, sortant tranquillement de la voiture qu'il venait de garer avec une habileté incompréhensible. Et c'est alors qu'il lui lança la gifle légendaire.

Le même Lionel Jospin, durant une campagne électorale, dit à une de mes interviewées avec qui il se promenait, à Avignon, une fois l'épuisante journée de rencontres, de discours, de serrage de mains achevée :

« Tu n'es jamais sortie de la Fraternité, hein ? »

Comment aurait-elle pu en sortir ?

Ces jeunes gens vivaient dans le monde étroit et merveilleux des certitudes, des douceurs communautaires et de l'espoir. Ils sortaient d'une guerre dont on leur parlait sans cesse, non par vertu pédagogique mais parce qu'elle était encore dans toutes les mémoires des adultes, et un monde nouveau s'ouvrait devant eux, un monde à construire dont ils étaient la force vive. Chaque année le pays s'enrichissait. L'intérieur des maisons se parait, s'ornait de nouvelles inventions, de machines à laver, voire de télévisions pour certains. Il n'y avait pas de chômage, ceux qui avaient les capacités de suivre des études auraient de belles situations et les autres trouveraient de toute façon un emploi. Leur vie était simple : ils iraient à l'école, ils travailleraient, ils se marieraient avec un membre de la Frater, puisqu'il était de toute façon impensable de ne pas épouser un protestant, et le pasteur Béral les unirait. Personne ne trouvait cela étriqué. Et lorsque certains d'entre eux repensent à cette période, ils estiment simplement que c'était la plus belle époque de leur vie et, qu'au fond ils ne s'en sont jamais remis.

Je pense à une page de Rabelais sur l'abbaye de Thélème. Le frère Jean, après sa guerre contre Picrochole, demande à Grandgousier de bâtir une abbaye à son devis, c'est-à-dire suivant son vœu. Et il en fait construire une entièrement libre, sans règles ni contraintes conventuelles, qui représente la grande utopie française de la Renaissance, à une époque où plusieurs pays, comme l'Angleterre de Thomas More ou l'Italie de Campanella, imaginent aussi des mondes parfaits, plus rigoureux et plus normés. Dans le monde parfait de frère Jean vivent des êtres bien nés, beaux et jeunes, passant leur temps à jouir de la vie et des jeux. Et lorsqu'ils veulent se marier, ils sortent de l'abbaye, tout en conservant leur vie entière les valeurs de Thélème. Depuis que j'écris ce livre, je pense à Thélème et à cette vie communautaire. Et sans savoir pourquoi, je pense surtout à la fin de ce texte dans les manuels des lycéens : « Par cette raison, quand le temps venu était que aucun d'icelle abbaye, ou à la requête de ses parents, ou pour autres causes, voulut issir (sortir) hors, avec soi emmenait une des dames, celle laquelle l'aurait pris pour son dévot, et étaient ensemble mariés, et si bien avaient vécu à Thélème en dévotion et amitié, encore mieux la continuaient-ils en mariage : d'autant se entr'aimaient-ils à la fin de leurs jours comme le premier de leurs noces. »

Comment sort-on de Thélème ? Et cela vaut-il vraiment le coup d'en sortir ? Quand on songe à ce que le monde extérieur nous réserve, peut-être vaut-il mieux rester sous la protection des murs de la communauté.

Et pourtant, de l'extérieur, le destin de ces êtres semble enviable. Cette génération fille de la guerre a tout obtenu. Les enfants de la Frater, accompagnant le développement du pays, aidés par des valeurs de sérieux, de travail et de respect des études, ont tout eu. L'un d'entre eux a été à la tête du pays, la sœur de celui-ci est un écrivain connu, d'autres ont été professeurs, médecins, industriels, et même si tout le monde n'a pas socialement réussi, il s'agit bien d'une génération gâtée. Les enfants de ces rues, de cette ville, ont été les heureux enfants de la prospérité. Sans doute chacun a-t-il dû affronter la part d'ombre et de malheur que recèle toute vie, mais l'époque de la Frater échappe à l'ombre et son fade bâtiment s'élève dans leur mémoire comme un palais étincelant et sublime, puisqu'il représente leur jeunesse.

À ce moment-là, dans les rues montueuses de Clamart, couraient les heureux de la vie, peut-être les plus heureux de ce siècle qui, après deux guerres atroces, connaissait une période bénie.

8

Pourtant, quelqu'un avait quitté la Fraternité. Et la religion protestante par la même occasion. Quelqu'un qui ne faisait plus partie du cercle des heureux. La fille de Madeleine, Geneviève.

À dix-sept ans, elle était retournée chez sa mère, au Kremlin-Bicêtre, ce qui était lourd de dangers. Madeleine avait haï sa belle-mère et s'était mariée pour s'échapper.

Par cette étrange duplication des familles, perpétuant les erreurs et les douleurs, Geneviève allait répéter le même mécanisme, de façon plus douloureuse encore, plus destructrice.

Un an après son installation au Kremlin-Bicêtre, après une cohabitation avec sa mère aussi décevante qu'elle l'avait imaginé, elle épousa un certain Jean L., rencontré peu de temps auparavant. Pour entrer dans cette famille catholique et conservatrice, qui comptait parmi ses membres une mère supérieure, elle se convertit au catholicisme, ce que même le pasteur Béral lui conseilla de faire. La Fraternité perdait un des siens mais Geneviève n'avait jamais été des plus assidues.

Son existence de femme mariée fut encore pire que celle de sa mère. Jean L. la considérait comme sa chose. Elle n'avait plus le droit à la parole, seulement à l'obéissance. Alors même qu'elle avait conservé son métier à l'imprimerie, elle devait revenir le midi pour lui présenter le repas à l'heure dite, faute de quoi le nouveau mari entrait dans une rage épouvantable. Son beau-père, journaliste au *New York Herald Tribune*, l'en protégeait autant qu'il pouvait mais il n'était pas toujours là. Il déclara même à son fils : « Ce n'est pas parce que tu t'es marié qu'elle est devenue ton esclave. » Elle devait lui obéir à tout moment. Un jour où elle était dans sa baignoire et refusait de se lever pour lui ouvrir, il défonça la porte. La jalousie, la violence étaient quotidiennes. Elle était battue, menacée. La mère de Jean dut lui retirer le couteau des mains lors d'une dispute. C'était un cauchemar. Lorsque son beau-père, seul capable de la protéger, mourut, Geneviève s'enfuit et les policiers

50

avertis lui conseillèrent de ne jamais donner son adresse à son mari. Elle prit une chambre dans un hôtel rue de La Rochefoucauld. Le divorce ne fut prononcé que six ans plus tard, alors que Geneviève avait entièrement changé de vie.

9

D'autres mariages se préparaient.

La fille de Sarah, Michèle, entrée à l'École normale et bientôt institutrice, était sur le point de se marier. Comme à Thélème. Elle était tombée amoureuse d'un garçon qu'elle connaissait depuis des années, Christian, le fils du pasteur Béral. Tout cela se combinait comme dans un savant complot. La fille du chef de la Fraternité épousait le fils du Temple protestant. L'association laïque, quoique fondée par des protestants, s'unissait à l'Église. On n'aurait pu mieux faire, d'autant que des tensions surgissaient entre les deux camps. Pas entre André et le pasteur, mais entre les langues les plus vipérines — car il fallait bien qu'il y en ait — des habitants de Clamart. Des disputes pour des riens. Clochemerle à Clamart. Mais Clochemerle laissait des traces, d'autant que les structures étaient en effet différentes et qu'il y avait toujours des tenants du pasteur et des tenants d'André Coutris, chef un peu trop charismatique pour certains.

Le mariage faisait taire les mauvaises langues. Ce n'était pas le premier des enfants de la Fraternité mais c'était le plus symbolique. Dans le petit temple, bien trop étroit, de Clamart, Michèle s'avança en traîne blanche,

51

Christian en queue-de-pie, dans une cérémonie des plus classiques, entourée des membres de la Frater, tandis que le pasteur les bénissait.

Comment tout cela aurait-il pu mal tourner ? Comment ce petit cocon de soie, de foi et d'espoir pouvait-il se dissoudre, alors que tout tournait en sa faveur ?

Les années qui passèrent eurent l'éclat de la plénitude, comme seule peut l'avoir une existence entrée dans une bienfaisante routine. André et Sarah vieillissaient tranquillement, aimablement. Leurs enfants s'établissaient tous, certains avaient eux-mêmes des enfants, comme Michèle et Christian qui en avaient eu rapidement quatre, deux garçons et deux filles.

Quant à ma grand-mère, elle vivait non pas un âge d'or qu'elle n'a jamais connu mais en tout cas un temps d'apaisement. Elle avait fini par abandonner la blanchisserie, trop nocive pour sa santé, pour entrer comme secrétaire médicale chez un médecin oto-rhino. Elle ne cherche plus à changer. Elle appréciait son patron, dont le nom est souvent revenu dans les conversations de mon enfance, et demeura chez lui jusqu'à la retraite. Sa santé n'avait jamais été bonne depuis la guerre et la blanchisserie n'avait rien arrangé. Elle avait du mal à respirer et des problèmes de circulation permanents, ainsi que des ulcères. Elle était très fatiguée. Mais elle tenait bon : elle prenait les rendez-vous, tenait les comptes, aidait pour les petites interventions. C'était une infirmière à mon sens tout à fait capable et en tout cas elle m'a toujours rassuré enfant, lors des coups et des chutes, par son mélange de fermeté et de douceur. Rien ne l'effrayait jamais, elle savait toujours quoi faire, et c'était la reine du mercurochrome. Son armoire à pharmacie était resserrée et efficace, avec des produits piquants et rassurants, ainsi que des bandes de gaze qu'elle découpait aux ciseaux, ses doigts noueux et un peu déformés s'agitant sous mes yeux.

Oui, elle tenait bon, en pinçant les lèvres. Elle ne se plaignait pas. Je l'ai déjà dit : une paysanne. Mais le silence a pour prix la froideur : il n'y avait pas de place pour les sentiments, les démonstrations, les gestes même. Personne ne se touchait. Pour gagner de l'argent, ma grand-mère avait pris quelques enfants en nourrice. L'une d'elles, restée proche de la famille, me rapporte qu'elle était surprise de l'absence d'effusion. On ne se touchait pas, on ne parlait jamais de sentiments, on ne se livrait pas. Lorsque j'entends parler de certains puritains américains de la Nouvelle-Angleterre, je songe à la froideur de ma famille, ensuite devenue mienne.

Mon grand-père, lui, avait fait faillite plusieurs fois. Il avait voulu monter une société avec un associé. Il en rêvait. Le travail solitaire du serrurier le rebutait et il aurait voulu des capitaux pour monter une entreprise plus importante. Toutes ses économies furent investies dans le projet. L'associé venait souvent à la maison pour discuter du projet : c'était un petit homme, serrurier lui aussi, plus jeune que mon grand-père, avec des cheveux gominés. Mon grand-père projetait déjà le succès et parlait à ses enfants de la voiture qu'il allait acheter, une Juvaquatre. Cela l'excitait beaucoup, cette voiture. Lui qui parlait peu d'ordinaire présentait avec beaucoup de détails les avantages de celle qu'on appelait aussi la Dauphinoise. Mais le gominé était un traître qui, tout en batifolant avec mon grand-père, montait en parallèle une autre société. Fin de la société, des rêves de prospérité, de la Dauphinoise. Et il fallut des années de menaces et de procès avant que mon grand-père récupère ses économies. On se contenta d'une deux-chevaux achetée d'occasion à un membre de la Frater.

Mon grand-père garda donc son atelier de serrurerie mais il dut bientôt cesser son activité. *Il ne s'en sortait plus.* Aussi entra-t-il comme électricien chez Géo, un magasin dont, voilà des années, l'immense horloge brillait dans la nuit au-dessus du Kremlin-Bicêtre. Une horloge rouge, un peu pataude, aux aiguilles épaisses, repère de la ponctualité dans toute la banlieue sud-est. Il s'enfonça un peu plus dans les programmes radio. C'était un homme qui adorait *Jour de fête* de Tati. Peut-être se reconnaissait-il dans ce facteur de campagne distrait, aimant bien le vin, dont la vie est magnifiée par ce jour de fête où des forains arrivent au village. J'ai appris que Jacques Tati avait choisi la grisaille pour les décors et les vêtements des villageois afin que les forains, habillés de vêtements de couleur, surgissent comme une révolution dans leur vie. Je me dis que cet homme attendait probablement son jour de fête et que celui-ci n'est jamais venu. Sa vie n'a pas été aussi dure que celle de ma grand-mère, elle devait juste être un peu grise pour qu'il se renferme ainsi dans ses distractions, son journal, sa radio. Toujours est-il que ce film est passé à son fils, Jean-Pierre, qui l'a légué à ses propres fils. Mon cousin David a même réalisé son mémoire de maîtrise sur *Jour de fête*, sans doute sans savoir que sa passion venait de plus loin, de beaucoup plus loin, lorsqu'un

54

artisan serrurier le vit pour la première fois, en 1949, dans un cinéma parisien.

Mon oncle Jean-Pierre suivit les traces de son père. Il devint chauffagiste. Je crois qu'il était plus doux que ma mère, plus rêveur aussi. C'était un géant débonnaire, très grand et très large mais très pacifique. Il aimait refaire le monde, chanter Brassens et Ferré avec ses amis de la Fraternité. Il me dit qu'André Coutris avait été un guide pour lui, que son meilleur ami était alors Daniel Rochefort. Il évoque les discussions, les sorties. On chantait « Le déserteur » de Boris Vian, on jouait au volley. Il me parle de son premier voyage, dans les Cévennes du pasteur Béral, région très préservée, avec des lieux sauvages. Une cabane dans les arbres. La glace qu'il avait fallu casser pour se laver. J'ai l'impression que la Frater a davantage compté pour lui que pour ma mère et le fait est que ses souvenirs sont plus précis, beaucoup plus nombreux, son ton différent, plus nostalgique, mais avec le sentiment très net que tout cela appartient à un ancien monde, comme si cette vie était très lointaine et surtout comme coupée de lui. Je me souviens, en même temps qu'il me parle, que mon oncle n'a jamais aimé les militaires, pas plus que les curés. Il faisait tout le temps des plaisanteries à ce sujet. J'en trouve des traces dans ses évocations : « Le déserteur » par exemple ou sa volonté de quitter les scouts, trop militaires, pour aller aux Unions chrétiennes de jeunes gens.

Ma mère devint secrétaire, entra chez Renault. Elle s'y amusait bien. Je ne sais pas si elle a un jour pris un travail au sérieux, d'ailleurs. Non pas au sens où elle ne faisait pas son travail correctement, puisqu'en somme elle a toujours été organisée, mais parce qu'elle semblait considérer qu'il y avait beaucoup de plaisanterie dans tout cela. En tout cas, elle ne s'est jamais prise au sérieux. Elle s'amusait beaucoup avec une collègue très drôle, beaucoup plus âgée qu'elle, qui appelait son mari « le violent ». Encore un de ces personnages que mon enfance m'a offerts une ou deux fois avant qu'ils ne disparaissent dans les ombres, à mesure que ma mère changeait de vie.

Puis un fiancé entra dans la danse. Un jeune et beau garagiste. Les jeunes gens se fiancèrent — ma mère avait vingt ans — et le mariage se prépara. Il devait être organisé au temple et le pasteur Béral allait officier. Tout se faisait dans l'ordre des choses : la belle dactylo épousait au temple le beau garagiste, protestant lui aussi. Ce devait être une petite cérémonie parce qu'il n'y avait pas beaucoup d'argent.

Et c'est alors que le destin commença à bifurquer pour ma mère. Jusqu'à présent, tout suivait son cours. Elle qui voulait sortir du *truc* y était jusqu'au cou. Elle riait et s'amusait mais le fait est qu'elle pointait chez Renault tous les jours et habitait encore chez ses parents au Kremlin-Bicêtre, avant d'épouser un homme de son milieu.

Un autre homme, pourtant, un juriste qui travaillait dans le même service qu'elle, l'avait remarquée chez Renault. Il en avait un peu parlé autour d'elle et on lui avait répondu qu'elle était sur le point de se marier. Il avait donc chassé l'idée de sa tête. Mais c'est ma mère qui alla vers lui et commença à discuter. Ils parlèrent cinéma. Ma mère lui dit qu'ils pourraient peut-être aller voir un film.

Cet homme était mon père. Son apparence, telle que j'ai pu l'observer sur une photo de ses débuts chez Renault, au moment où il rencontre ma mère, est très surprenante pour moi : il est vêtu d'un costume élégant, sa barbe est bien taillée, et ses cheveux un peu longs dans la nuque, comme un latin lover de la grande époque. C'est le portrait du séducteur. Il séduisit ma mère et ma mère le séduisit. Mais elle devait se marier. Tout était prêt, le mariage devait avoir lieu trois semaines plus tard. Ils en parlèrent longtemps. Mon père avait vingt-sept ans, une sorte de romantisme nerveux et caché, une méfiance viscérale (pour des raisons que j'ai pu raconter dans le livre *L'Origine de la violence*) envers les familles : il lui proposa de l'enlever.

Ce fut un grand scandale. Ma mère annonça qu'elle ne se marierait pas, qu'elle était partie avec mon père et qu'elle allait vivre avec lui. L'annulation du mariage, surtout si peu de temps avant la cérémonie, alors qu'on avait même acheté la robe, le chagrin du fiancé, errant et pleurant, l'irruption de cet inconnu effrayèrent tout le monde. Sarah affirma que c'était une honte, chacun s'excita, les sœurs s'inquiétèrent, de sorte qu'un jour, alors qu'il sortait de chez Renault, mon père vit arriver vers lui deux femmes, l'air sévère, qui lui déclarèrent de but en blanc :

«Nous sommes les sœurs de Danièle. Quelles sont vos intentions à son égard ?

— L'épouser.»

Et c'est ainsi que mon père rencontra pour la première fois ses belles-sœurs.

Je pense que les êtres qui commencent à s'imposer dans ce récit ont une imagination, une sensibilité qui les lancent vers la fiction. Non pas que les personnes littéraires soient propres au roman, bien au contraire : les êtres durs au mal, inscrits dans la vie jusqu'à en être étouffés, sont un matériau plus passionnant. Mais cette génération — Danièle, Jean-Pierre, les enfants de Christian et de Michèle —, était plus propre à se laisser prendre par les grandes idées, les illusions, une sorte de fiction du monde à laquelle était totalement rétive ma grand-mère.

Jean-Pierre a toujours aimé la musique, notamment ces histoires chantées par Brassens, le cinéma, la poésie, même dans son adolescence. Ma mère aimait — et aime encore — la littérature et le cinéma. Elle a raconté une fois ou deux sa lecture de *La Peste* de Camus. Allant travailler chez Renault, elle lisait en marchant, ne pouvant plus se déprendre du livre, et s'était assommée contre un lampadaire. «Une lecture frappante», s'était-elle dit. L'imaginaire est là, tout autour d'eux. Ils aiment la fiction et ils ont eu des enfants noyés de fiction. C'est-à-dire que ce romanesque que je récuse dans ce livre est néanmoins partout. Je crois qu'à partir de maintenant, il faut considérer que les êtres dont je parle portent en eux-mêmes la tentation du romanesque. Ils ont une faille. Très contrôlée dans la branche Meslé-Macquart, plus ouverte, voire béante, chez les Coutris-Rougon, où la vie matérielle ne peut plus servir de guide. Les Meslé savent d'abord cela : il faut manger et avoir un toit. Les Coutris l'ignorent : c'est la grandeur et la perte de la bourgeoisie.

Je commence à entendre parler de politique. Depuis la fondation de la Fraternité, née des ravages de la guerre, il n'en a pas été question. On a évoqué les difficultés de la reconstruction, l'étroitesse des logements, les tourments de la vie matérielle et il m'a en effet semblé percevoir derrière les allées et venues des uns et des autres l'image d'un pays qui se reconstruit et s'enrichit. Les voitures plus nombreuses, les salles de bains, l'eau courante, l'immigration des campagnes vers les villes, voilà des transformations qu'on sent poindre derrière les témoignages. Mais l'évolution politique du pays, personne n'y a songé.

À partir de 1960, au contraire, le flot de la politique s'élève, marée montante recouvrant le sable des jours, et de plus en plus de noms d'hommes politiques interviennent dans les entretiens, de façon inconsciente : c'est simplement que l'existence laisse de nouveau place à ces noms, ces événements. Le tissu des vies familiales se politise de nouveau. Comme si, passé le moment de la revitalisation du tissu matériel, de nouvelles aspirations émergeaient. Il ne suffit plus de manger, il faut désormais réfléchir à une nouvelle société.

J'ai déjà raconté ailleurs comment mon père avait rompu avec sa famille naturelle pendant un dîner où il avait été question de la guerre d'Algérie. Il avait appris peu avant que l'homme qu'il pensait être son père ne l'était pas et il avait retrouvé sa famille biologique. Bien que son père génétique ait disparu durant la Seconde Guerre, demeuraient un oncle, une tante, toute une famille juive dont il ignorait l'existence. Et cette famille l'avait invité à dîner. Mais sans doute parce qu'il refusait cette hérédité, tant il aurait voulu rester le fils de son père, le seul qu'il se reconnaissait comme père, il s'énerva pendant le repas, prit fait et cause contre la guerre d'Algérie et fracassa les retrouvailles familiales.

À la Fraternité, des tensions surgissaient également. À propos de la guerre d'Algérie, contre laquelle manifestèrent beaucoup de jeunes gens, avec d'autant plus d'insistance que la mobilisation pouvait les concerner, mais aussi à propos du général de Gaulle, qui cristallisait refus et admirations. Discussions sur sa venue au pouvoir en 1958, sur sa personne, sur son conservatisme, bref le tout-venant des discussions de l'époque. Le ton se faisait plus vif, même avec les enfants. Michèle et Christian étaient beaucoup plus à gauche qu'André, resté gaulliste.

Et peu à peu je sens glisser la Frater. D'autres préoccupations émergent, qui font passer la petite utopie à l'arrière-plan. Ce n'est pas que les gens n'y soient pas attachés, mais l'agacement pointe, les tensions se multiplient. Dans les années 1960, alors que le projet semblait vivre ses plus beaux jours, une génération s'en détache. Michèle et Christian, notamment, ne venaient plus que rarement. Fille du fondateur et fils du pasteur, ils avaient tant vécu à l'intérieur de cette communauté, ils avaient tant entendu les récriminations des deux camps, le Temple et la Frater, qu'ils étaient un peu fatigués de cette étroitesse du milieu. Les fondateurs ne comprenaient rien de tout cela, qui leur paraissait inhérent à toute communauté humaine. Ces furtives mesquineries leur étaient indifférentes parce que les valeurs partagées l'emportaient largement sur les désaccords. Et puis c'était leur entreprise : ils avaient bâti cela de leurs mains.

Mais ce n'était pas le cas des enfants. Et notamment Michèle et Christian. La petite fille de 1946 était trop jeune pour participer à la construction et c'est seulement plus tard que le père de Christian avait pris la charge de pasteur. Tous deux étaient arrivés dans un monde fait, dont ils avaient profité comme des enfants, en le vivant au jour le jour et puis en finissant par le subir. Ils avaient besoin de sortir du cocon. Toutes les réunions de la Frater finissaient par leur sembler une lourde charge, surtout avec les enfants qui commençaient à arriver.

Je crois qu'en fait, progressivement, l'activité politique a pris la place de la Frater. En soi, les activités n'avaient rien d'incompatible mais les valeurs de la Frater ont fini par passer en politique, comme si la communauté de Clamart était devenue trop étroite. En 1965, un sondage fait à la Frater parmi les jeunes gens établit que la majorité d'entre eux aurait voté pour Mitterrand face à de Gaulle. Michèle et Christian entrent au PSU, comme Lionel Jospin, devenu entre-temps diplomate après l'ENA. Par la suite, il devient même trotskiste.

À l'évidence, la Fraternité ne disparaît en rien, simplement elle passe par d'autres formes plus larges, plus utopiques et plus politiques. Pour ces jeunes gens élevés ensemble dans une communauté protestante, elle est le ferment d'autres luttes, sans même qu'ils s'en rendent compte. Parce qu'ils sont jeunes, enfiévrés, ils pensent

61

quitter la Frater, ils pensent même s'opposer à elle : à mon sens, ils la font revivre à l'échelle du pays. Toujours demeure en eux ce petit rêve de leur enfance qu'ils vivent sous la forme de communautés plus radicales, moins bourgeoises et plus délibérément utopistes. Ils ont été élevés ainsi et on ne se relève jamais d'une telle éducation au rêve.

Le sigle qui revient le plus souvent dans les entretiens, comme une évidence, est le PSU, qui n'est pas forcément le parti le plus connu au monde. Je hoche la tête mais en fait, je ne saisis pas très clairement les frontières de ce parti, dirigé dans mon souvenir par Michel Rocard. Vérification faite, le PSU correspond exactement aux lignes de faille que je sentais dans les différents entretiens. Le Parti socialiste unifié, dit aussi « deuxième gauche », naît d'une opposition à la guerre d'Algérie et aux conditions de la prise du pouvoir du général de Gaulle en 1958, qualifiée de coup d'État. Par ailleurs, ses liens avec la CFDT, qui a pour origine le syndicalisme chrétien, confirment la proximité avec les valeurs véhiculées par ma famille. Enfin, je crois que la multiplicité des courants rassemblés par le PSU, dont d'anciens trotskistes, explique aussi le ralliement de Michèle et de Christian. C'était de toute façon l'auberge espagnole d'une gauche antistalinienne. Ajoutons que Michel Rocard n'en est le dirigeant qu'à partir de 1967. Au moment où le couple Béral y adhère, après les journées de mai 1968, il en est en tout cas le secrétaire général, après un certain Édouard Depreux.

La vie sociale et professionnelle du couple s'inscrit dans la lignée de ces activités politiques, militantes, commencées à la Frater et prolongées au moins jusqu'aux événements auxquels j'ai fait quelques allusions. Michèle est institutrice et se spécialise — elle fait une formation pour cela — dans les élèves les plus difficiles par leur violence, leur asocialité. Les enfants les plus durs, les milieux les plus misérables, les orphelins, les abandonnés, les êtres en dérive. Christian devient directeur de foyers de jeunes travailleurs : immigrés mais aussi nouveaux venus des campagnes qui viennent chercher un travail à Paris. On ne sort pas de la communauté : cent soixante-dix jeunes rassemblés dans un foyer où vit la jeune famille Béral, qui compte quatre enfants : Thierry (né en 1955), Yves (1956), Élise (1959), Karine (1961). Le foyer occupe un immeuble rue de la Glacière, dans le XIIIe arrondissement : c'est la première fois que le couple s'installe à Paris, après des habitations à Clamart et Malakoff. Et on ne sort pas vraiment du protestantisme puisque le président du conseil d'administration du foyer était un riche banquier accomplissant ses bonnes œuvres, un de ces grands bourgeois protestants dont je commence à saisir, à force, le profil psychologique : il portait costume et chapeau noir tout en se déplaçant en solex et n'acceptait les invitations à dîner chez les Béral que s'il faisait ensuite la vaisselle.

Rien n'est plus important, pour expliquer la suite, que cette enfance si spécifique. Les deux aînés, surtout, passèrent d'abord leur temps chez les grands-parents, à Clamart, choyés par Sarah et la grand-mère Mercier, respirant l'éducation protestante et la Frater, épousant une forme de vie collective. Et même si les deux petites filles connurent moins la Frater, elles n'en furent pas moins éduquées également dans ce milieu bourgeois, cultivé, dont elles furent les élégants bourgeons, petites filles adorables, obéissantes et calmes, apprenant le piano et y jouant dans la maison des grands-parents. Cette vie collective et protestante de bons petits soldats, responsables, obéissants et sérieux, comme me le raconte Thierry, est prolongée par une autre communauté, monde en somme étrange que ce foyer de jeunes hommes déracinés, partageant les soucis et les plaisirs, les inquiétudes et les espoirs. Un monde très différent, sans éducation, sans quiétude matérielle ni famille, parcouru de brusques tensions et pourtant, là encore, une communauté. Des gens qui vivent ensemble, qui forment malgré eux un groupe. Et ces deux espaces, bourgeois et errants, un monde dont les parents se séparent et un autre qu'ils épousent, voilà que leurs oppositions comme leurs points communs sont chargés de signification par le militantisme PSU des parents. Les enfants font les manifestations sur les épaules des parents, ils entendent les conversations à la maison. Christian se lève à l'aube pour distribuer les tracts, coller les affiches, tout en s'en cachant, puisque ces activités sont réprouvées par le conseil d'administration, qui prône la neutralité politique pour les directeurs. Il s'accroupit pour passer sous les fenêtres de la loge du concierge lorsqu'il s'en va dans les rues rejoindre ses camarades. Les pauvres doivent être sauvés, au foyer comme dans le pays, et les riches, comme le beau-père, comme le président du CA, doivent payer. Oui, le monde trouve sa signification.

«J'attendais la révolution», dit Christian.

Elle vient.

II

Mai 68

1

Je regarde des photos. Je m'efforce de comprendre l'époque. De fixer les images. Un livre de photos de Raymond Depardon : *1968*. J'absorbe les vêtements, les coupes, les noms. Curieusement, les personnalités qui apparaissent dans ce livre sont plus connues que les personnalités actuelles. Brigitte Bardot, Jean Genet, Romain Gary, Catherine Deneuve, de Gaulle, Nixon, Dalida, Killy. Tous ont marqué leur époque, chacun dans son domaine. De Gaulle, évidemment mais de façon plus mineure, Gary et Genet furent de grands écrivains, sous des modes divers et personnels (la légende personnelle et la mythification du Mal), Bardot fut une star mondiale et Deneuve reste une des plus grandes actrices françaises tandis que Killy imprima une marque indélébile à son sport. Aucun homme politique, aucune actrice n'a approché le statut de ces êtres, très peu d'écrivains actuels ont l'aura de Gary. Seuls les joueurs de football (Platini, Zidane) ont dépassé Killy parce que le foot est devenu un

65

sport planétaire d'une puissance incontrôlable. Comme si le passé l'emportait sur le présent. Comme si nous étions des nains. Bizarre. L'aura fictive du passé ou un vrai changement? Peut-être aussi le déclin de notre pays, qui condamne les Français, si peu nombreux, à un relatif anonymat dans le monde.

Je regarde. Photo surréaliste d'un homme au physique de boxeur, Gunter Sachs, attendant Brigitte Bardot à côté de sa Rolls blanche, au beau milieu du désert d'Almería, à l'occasion d'un tournage. Ou Sean Connery, à cheval, en habits de cow-boy, dépassant la même Rolls blanche à l'arrêt. Warren Beatty et Faye Dunaway, excentriques, presque travestis à force de recherches vestimentaires, l'une toute de blanches fourrures, les yeux surlignés en noir comme un clown, l'air défait et un peu drogué, l'autre en chapeau incliné sur le front, chemise et cravate rayées ton sur ton, saisissant la main de la jeune femme à l'occasion d'une première de *Bonnie and Clyde* au Moulin Rouge, à Paris. Le recueil suit les mois. En février, photo des médaillés de ski aux jeux Olympiques d'hiver, Jean-Claude Killy et Guy Périllat. Ils sont minces, beaucoup moins musclés que les skieurs actuels, leurs chaussures sont désuètes, en cuir souple semble-t-il, avec des lacets. Photo suivante avec Georges Pompidou Premier ministre derrière l'équipe féminine. Son physique épais, les cheveux rares tirés en arrière. Johnny Hallyday ponctue les jeux Olympiques par une soirée de gala. Depardon écrit « clôt à sa manière » parce qu'il se roule par terre en hurlant ses chansons. Une jeune femme, en adoration, pieusement agenouillée devant la scène, vêtue d'une robe sage de première communiante, le contemple d'un air extasié, les mains recroquevillées sur une rose rouge. Vision incroyable. Puis deux figures importantes pour moi : Jean-Paul Belmondo, qui fut l'acteur de mon enfance, à la popularité extraordinaire, le fameux Magnifique, Guignolo avant de devenir, durant mes années de cinéphilie, Pierrot le fou à bout de souffle, faisant ainsi le lien avec Romain Gary, mari de l'actrice d'*À bout de souffle* Jean Seberg, le couple étant photographié à la page suivante, dans les mêmes studios de cinéma de Billancourt. Bebel (surnom que je n'ai jamais aimé pour mon cher Belmondo), en cravate, chemise et pull-over, arborant un grand sourire. Gary-Seberg — Gary pensif et rêveur, les yeux dans le vague, Seberg souriante, les deux mains posées sur l'épaule de son mari, comme pour s'accrocher. Lui qui se suicidera d'une balle dans la tête, elle qu'on retrouvera morte dans une voiture garée dans une ruelle parisienne. Belmondo assommé ensuite par un accident vasculaire, marchant avec une canne, lui qui sautait et virevoltait. C'est ça le temps ? Le temps qui passe ?

Giscard saisi de profil, dans le public des Républicains indépendants, mâchoires serrées, visage mince et élégant. Mitterrand dans la lucarne d'une télévision, le visage plein, la mâchoire lourde.

« Famille princière monégasque à la neige », le prince de Monaco et deux de ses trois enfants, Albert et Caroline. On ne peut s'empêcher de penser aux innombrables photos de Paris Match à venir.

Truffaut et Godard en assemblée pour défendre la Cinémathèque. Truffaut lève le bras, s'exprime avec véhémence. Godard, lunettes fumées, se tait.

Professeur Cabrol. Première greffe du cœur en Europe. Photo étonnante de Catherine Deneuve prise de trois quarts, d'une beauté stupéfiante, cheveux tirés en arrière, yeux perdus dans le vague.

Passage bref dans l'Espagne de Franco. Des policiers partout. Les photos sont prises à la dérobade.

Négociations pour les accords de paix au Vietnam. Les Nord-Vietnamiens s'engouffrent dans les DS noires de l'époque. Photo sans grand intérêt mais prophétique malgré elle : la route est encore longue.

Quelques clichés des événements de mai : des foules, des individus, singularités jetées dans la rue. Un homme tombé à terre est encerclé par les CRS. Un homme serre une femme en pleurs dans ses bras. Un homme hurlant saisit un pavé entre ses mains. Un policier, la cigarette à la bouche, observe avec une sorte de triste stupéfaction une barricade affaissée. Course de CRS dans la rue, comme un envol de moineaux sombres : j'avoue que ces hommes qu'on traitait de SS ne me paraissent pas très impressionnants, par rapport aux vrais SS évidemment, mais aussi par rapport aux êtres cuirassés qu'on envoie maintenant. Une carcasse de voiture, sans doute brûlée, jonchée des détritus d'une barricade, morne symbole de la fin d'une révolution.

La revue des « événements » est curieusement brève : ce n'est donc que cela, mai 68 ? Tout de suite après, Depardon repart dans le golfe Persique : un garde se tient devant une Rolls, en costume traditionnel, mais avec des lunettes noires et une kalachnikov chromée. Les photos reviennent un bref moment vers la France, où l'on voit Jacques Chirac, jeune ministre, l'air pincé (rare chez lui) sur le perron de l'Élysée, prélude de nombreux clichés à venir.

Au pas de course, en quelques pages : Colombie (la foule massée pour la venue du pape, une croix de bois cerclée d'une couronne d'épines), dîner avec le pape, convention démocrate déchaînée aux États-Unis pour le candidat Humphrey (« *Some talk change, others cause it*»). Campagne républicaine de Nixon, la main sur le cœur, puis un sourire rayonnant, vainqueur. À juste titre. Et comme pour toutes les histoires trop manichéennes, trop connues et en même temps caricaturales, on pense aussitôt, devant cette réussite, aux mensonges et à l'effondrement du Watergate, comme si la chute se lovait dans le triomphe. Philippe Labro, alors journaliste à *France-Soir*, observe tout cela, menton carré, cigare à la bouche, image vivante de la force.

Manifestations américaines dans Grant Park contre la guerre du Vietnam. Une immense fête musicale. Une jeune femme aux cheveux courts, arborant un grand sourire, fait face à une troupe de soldats aux fusils dressés. Elle semble accueillir la violence, en rire et la pacifier. Dans le même parc, on voit Jean Genet (c'est vrai qu'il était sympathisant des Black Panthers !), avec son visage de vieux bagnard, vieilli, affaissé et néanmoins présent. Dans son dos se lève une vieille femme avec l'insigne pacifiste, tenant un grand poster contre la guerre. Jean Genet entre Allen Ginsberg et William S. Burroughs. Deux photos symétriques : les étudiants avec les doigts en V de «peace and love» tandis que les Blacks Panthers manifestent en dressant le poing.

Et c'est ce même poing dressé, frissonnant, qu'on

retrouve lors des jeux Olympiques de Mexico (quelques jours après le massacre de Tlatelolco où les forces de l'ordre avaient mis fin à trois mois de manifestations estudiantines en tirant sur la foule), lorsque Tommie Smith et John Carlos lèvent un poing ganté de noir, sur le podium du 200 mètres, pour protester contre la ségrégation raciale. Des années plus tard, en 6e ou en 5e, pour un cours de dessin, j'allais reproduire ce poing ganté de noir, solitaire, signe unique d'une révolte sans cause, presque incompréhensible de la part du rêveur et livresque petit enfant blond, dans un collège public et très calme, bonbonnière logée dans un ancien hôtel particulier délabré.

2

Reprenons. Les pauvres sont les Meslé. Vont-ils donc se battre pour l'appropriation des moyens de production ? Vont-ils lever le poing ? Les riches sont les Coutris. Vont-ils donc manifester pour l'ordre social, sur les Champs-Élysées, affichant leur soutien au général de Gaulle ?

Non, bien sûr, ce serait trop simple. Personne chez les Meslé n'a manifesté. Madeleine et André ne se sentaient pas très concernés par les étudiants et les gauchistes, qui n'étaient pas du tout de leur milieu. André avait manifesté autrefois mais c'était il y a bien longtemps, en 1936, dans les énormes défilés où les ouvriers promenaient les portraits de Jaurès et de Blum (il possédait d'ailleurs, comme une relique, une photo de Blum, dans une voiture, qu'il avait prise lui-même). Et bien que ma grand-mère ait considéré les manifestants avec une certaine sympathie, elle n'a jamais aimé les désordres. Et puis elle avait tout de même cinquante-huit ans. Pas plus de réactions de la part de Jacqueline ou Geneviève. Jean-Pierre, lui, avait rencontré sa femme, Martine, et même s'il éprouvait de vraies affinités avec mai 68 — il était jeune, «de gauche», il aimait Ferré et toutes les libérations imaginables —, sa nature n'était pas de s'engager. Quant à ma mère, Danièle, elle filait le parfait amour avec mon père, durant trois années qui sont reconnues par l'un et l'autre comme les seules où ils s'entendirent, trois années où ils vécurent une passion qui excluait un événement aussi contingent que la révolution. Ils vivaient à Montfort-l'Amaury, venaient ensemble travailler en voiture chez Renault et profitèrent de la suspension de mai 68 pour jouir l'un de l'autre. Renault était en grève, le pays était en grève, Paris explosait, l'essence manquait dans les garages : c'était le bon moment pour se blottir dans le cocon des amours idéales, en ce printemps de mai.

André et Sarah ne manifestèrent ni pour les étudiants — on les imagine très mal dans les manifestations étudiantes, évidemment — ni pour de Gaulle. Sarah aurait sans doute fait ce que lui disait son mari mais André était trop libéral pour défiler en faveur de l'ordre social, si gaulliste soit-il. Tous deux s'inquiétaient pour Michèle. Elle avait déjà été arrêtée une fois par la police et emmenée au commissariat avec Michel Rocard. Ils en voulaient à Christian de ne pas davantage veiller sur elle et se disputaient régulièrement avec lui, comme une nuit où elle n'était pas rentrée et où ils étaient restés à tourner en voiture pour guetter son retour, bons parents attentifs et inquiets. Je les imagine dans leur voiture, tournant pendant des heures, André fumant anxieusement ses cigarettes, se rongeant les sangs en en voulant à son gendre, échangeant de rares paroles avec Sarah, tout aussi inquiète, pendant que Michèle ne faisait rien d'autre que se libérer d'eux, de son milieu, de toutes les valeurs qui lui avaient été enseignées.

La jeune femme avait une passion dans la vie : son père. Pas un amour, une passion. Elle l'adorait, l'admirait, jusqu'à jalouser sa mère. Mais cette passion, elle la mit en péril durant cette époque. Pour l'entourage politique de Michèle, André Coutris était l'ennemi : il était un *patron*. Un patron à l'ancienne mode en plus, croyant, paternaliste. Et puis il faut bien avouer que la figure était lourde à porter pour Christian : père adoré de sa propre femme, guide de la Fraternité face à son père pasteur, président d'entreprise, aimé et admiré de tous, la charge était pénible pour ce jeune homme chaleureux, vif mais dépourvu de l'aura d'André. Ses propos n'étaient donc pas toujours tendres. Tout cela menaçait la relation d'André et de Michèle.

D'autant que celle-ci avait changé d'environnement. Revenue à l'université pour sa spécialisation dans les publics difficiles, elle était en rapport permanent avec les étudiants. Ce fut pour elle une période de plaisir, de découverte, y compris sexuelle pour cette femme qui s'était fiancée à quinze ans avec Christian. Elle s'affirmait, se transformait. Elle répétait : «J'ai toujours été une petite fille modèle, je deviendrai une vieille dame indigne. » Hélas, elle n'eut pas le temps de devenir une vieille dame, mais il est certain qu'elle ne fut plus la petite fille modèle.

Et pourtant, j'ai l'impression que tout cela, elle le fit justement parce qu'elle était la digne fille de son père. Comme lui, c'était une force morale, une autorité. Une femme de valeurs, et les valeurs avaient changé avec l'époque. Elle admirait son père et elle continua à l'admirer, mais elle rejeta son milieu. Aussi droite que son père, Michèle était plus apte que lui au combat. André était un homme très doux, droit et ferme, mais détestant les conflits. Sa fille ne les craignait pas et elle le montra durant ce mois de mai.

Elle vécut cette période comme une grande aventure. Ce fut l'épopée glorieuse, les charges des CRS succédant aux charges des étudiants, les poumons gonflés des cris de victoire et d'indignation. Tous avaient le sentiment de vivre une époque intense, une révolution : ils faisaient chanceler la statue du Commandeur, qui s'enfuyait à Baden-Baden, le pays et même la civilisation moderne, qui subissait — bien sûr — une des plus grandes crises de son histoire. Ils vivaient ensemble, éprouvaient ensemble, avec cette force sauvage des groupes et des foules, leur puissance, leurs désirs, leurs joies. Contrairement aux étudiants, Michèle comme Christian avaient une famille, un métier. Mais cela ne les empêchait pas de vivre pleinement l'aventure, d'entrer dans les journées de mai comme dans un rêve révolutionnaire.

Oui, c'était l'Éden, c'était l'Utopie. Parce que c'était dur, parce que c'était intense, parce que les CRS envoyaient des grenades, parce qu'il y avait, surtout, cette grande houle de la foule, lame furieuse et folle, qui enveloppait chaque individu et le haussait au-dessus de lui-même. Michèle et Christian ne dormaient plus, se reposaient une heure ou deux au foyer avant de repartir dans les débats, les manifestations, les interrogations sur la suite du mouvement. Où sont les ouvriers ? Que fait le PCF, ces bureaucrates obtus ? Mao a-t-il envoyé un mot pour soutenir le mouvement ? Tous les sigles s'enchaînant comme autant de compagnons : FGEL, UJC (ml), UEC, JCR, CLIF, UNEF... Toute une rhétorique bravache... Tous les slogans : « Soyons réalistes, demandons l'impossible », « l'anarchie, c'est je », « sous les pavés la plage », « cours, camarade, le vieux monde est derrière toi »... les stratégies, les épuisements, les séductions, les plaisirs, les douleurs, les passions, les jalousies, les excitations, les sommeils de dix minutes, les contemplations, les actions, les courses, les boissons, les haines, les dérisions, les moqueries, les rires... le gouvernement va tomber, nous allons construire une autre société, les ouvriers nous suivront, comment rallier les ouvriers, les ouvriers sont dans la rue, nous allons bâtir une nouvelle société, encore une nuit comme cela et le gouvernement tombe, encore une nuit comme cela et le mouvement s'essouffle, encore une nuit comme cela et je fais une crise cardiaque, encore une nuit comme cela et sous les soleils de l'aube s'élèvera l'architecture du nouveau monde.

Les enfants n'accompagnaient pas Michèle et Christian : bien qu'ils aient manifesté à d'autres occasions sur les épaules de leurs parents, la révolution n'était pas pour eux. Ils étaient trop jeunes pour secouer le monde ancien. Les deux garçons avaient treize et douze ans, les deux filles neuf et sept ans. De la révolution, ils ne percevaient que l'écho. Leurs parents étaient des héros, surtout pour l'aîné, Thierry. Il ressentait plus profondément que les autres, plus passionnément, la lutte révolutionnaire, qui devenait l'épopée de son adolescence, la chanson de geste qui scandait ses vers agités dans son imaginaire. La vie était la lutte et la révolution. Il aurait voulu participer, il aurait voulu se battre. C'était cela qu'il lui fallait.

Et puis la fièvre retomba, une immense manifestation sur les Champs-Élysées sonna le rappel à l'ordre, le Commandeur revint et la révolution s'éteignit. Mai 68 était fini.

Alors la vie reprit son cours. Et chacun, pensait-on, aurait dû suivre son destin. Certes, Michèle s'était excitée mais elle allait reprendre son métier d'institutrice, qui était bon pour une femme. Et puis Christian n'était pas un mauvais garçon. Évidemment, il était directeur de foyer, ce qui n'était pas grand-chose, mais bon, il aidait les gens après tout, ce n'était pas si mal. Et les enfants étaient gentils et prometteurs, ils ne feraient pas les mêmes erreurs que les parents. Thierry était intelligent et décidé, bon élève, il deviendrait ingénieur et il serait président d'entreprise, comme son grand-père. Le talent avait sauté une génération, voilà tout. Yves aimait moins l'école mais, en le surveillant, il ferait des études supérieures et il aurait un bon métier. Quant aux deux filles, elles étaient si gentilles ! Elles passaient beaucoup de temps chez leurs grands-parents et Élise jouait si bien du piano ! Cette petite fille, c'était un amour ! Jolie comme un cœur, avec ses cheveux noirs, son visage pâle, un peu maladif, émouvant de faiblesse gracile. Adorable, si polie, si calme, aimant les livres et la musique. Ses grands-parents en étaient toqués. Une merveilleuse petite fille. Une enfant qui étudiait si bien son piano ne pouvait pas mal finir. Et quant à Karine, la petite, elle aimait tant dessiner, passant des heures à colorier, toujours avec ses crayons. Un amour elle aussi. On en ferait quelque chose. Elles feraient de bons mariages, elles.

Et Sarah de prendre Élise dans ses bras, de l'embrasser, de la dorloter. Son petit bâton d'orge, sa douceur, sa merveilleuse douceur sucrée…

Oui, tout cela était bel et bon.

Mais en réalité, mai 68 avait fait exploser une bombe à fragmentation dont les éclats allaient se ficher dans la génération à venir. On croyait que tout était fini alors que cela ne faisait que commencer.

Ce fut d'abord la fin de la Fraternité. Pas la fin matérielle puisque si l'on se promène maintenant dans Clamart, le bâtiment se dresse plus beau et plus vaste qu'il ne l'était, lié désormais au temple. Et des activités se poursuivent, de même qu'après 68 subsistèrent des cours, des promenades, des fêtes et des chants. Mais sous cette rassurante façade, l'esprit se fanait et la magnifique entreprise d'autrefois ressassait ses habitudes en perdant sa vitalité. André Coutris, affaibli par la maladie de Parkinson, alors qu'il avait à peine soixante ans, abandonna sa charge, qui lui pesait d'autant plus que ses propres enfants ne venaient plus. Son successeur, plus autoritaire, plus conservateur aussi, n'avait pas la même capacité d'entraînement et personne n'aurait dit de lui qu'il était un guide. Entre la Fraternité et le Temple, les conflits se firent plus aigus. Certains attaquèrent l'ancien chef affaibli : un homme cracha au visage d'André qu'il était «l'Antéchrist», comme au Moyen Âge. Sans doute par pure jalousie. Mais André en pleura de douleur, lui qui était si pénétré de religion.

En fait, ce n'était pas une question de personnes. Les vieilles dissensions avec le Temple n'étaient qu'une apparence. Le vrai péril était ailleurs, face à la jeune génération : la Fraternité, tout simplement, avait vieilli et menaçait de devenir un club de douairières. Il y avait là une de ces fatalités historiques contre lesquelles personne ne peut rien. Que pouvait-on lui reprocher? D'avoir été un mouvement humaniste, fondé sur des valeurs religieuses, d'avoir tenté de rassembler des êtres politiquement différents, de former une communauté unie contre les difficultés de la vie? D'être une petite utopie modeste et rassurante, une utopie à hauteur d'homme? Non, bien sûr. On n'avait rien à lui reprocher, sinon de ne plus correspondre à *l'esprit du temps*. Les jeunes avaient manifesté ou vu les manifestations, ils entendaient parler de lutte des classes, de nouvelle société, et voilà qu'on leur proposait une balade en bateau sur la rivière ou un dîner autour d'un feu de camp avec quatre camarades qui portaient leurs bibles dans leurs sacs. Le Temple et la Fraternité, quelle pouvait bien être la signification de ces termes lorsqu'il s'agissait de raser le monde ancien? Des psaumes? Non, du rock. Et même s'il serait absurde d'être trop réducteur, il n'en était pas moins évident qu'une nouvelle vision du monde s'était imposée.

Libérés de la Fraternité, Michèle et Christian s'étaient en même temps libérés de leur milieu bourgeois et protestant. Qu'auraient-ils pu dire, là encore, contre Sarah et André? Rien. Sarah était sans doute un peu étriquée et n'était peut-être pas la Marie Curie de la fin du siècle mais c'était une femme bonne, qui croyait en ce qu'elle faisait, qui soutenait sa famille autant qu'elle le pouvait. Et André était un grand homme à la mesure de son petit environnement, une de ces hautes figures qui ne sont connues que dans leur famille, leur entreprise, leur commune mais dont l'aura n'en est pas moins profonde. Cependant, cette figure patriarcale, bourgeoise et croyante était dépassée, en vertu de l'amer passage du temps, dont l'une des caractéristiques premières est une forme d'ingratitude nécessaire et inéluctable. Même les grands hommes restent les fils de leur temps et si inférieurs soient ceux qui se libéraient de son emprise, la forme d'autorité que représentait ce père universel, s'avançant dans le monde la Bible à la main, ne correspondait plus à l'époque. Il n'y aurait plus de déjeuners du dimanche systématiques, il n'y aurait plus ce beau-père si parfait et donc si insupportable, il n'y aurait plus la parole infaillible du père trop aimé. Michèle et Christian quittaient tout cela : ils n'étaient plus bourgeois — les moyens leur manquaient —, ils n'étaient plus croyants et ils n'appartenaient plus à la Fraternité. Une chape de plomb se soulevait. Encore une fois, il ne s'agit pas de critiquer l'ancien ou le nouveau, d'affirmer que cela était bon ou mauvais, mais simplement d'accepter, peut-être avec cette tristesse légère que suggère l'inéluctable, la vérité du vers d'Apollinaire : *À la fin tu es las de ce monde ancien.*

3

Je suis né à Saint-Cloud en 1969. Mes parents habitaient désormais Boulogne-Billancourt. Disons que cette naissance me facilitera la tâche : de chroniqueur d'une époque disparue, j'accède au statut de témoin. Comme il y a une forme de vulgarité à parler de soi, j'essayerai de n'être qu'un personnage parmi les autres.

4

À partir de cette époque, les deux branches de la famille divergent en effet. Les Coutris et les Meslé ne vivent plus ensemble et leurs destins contraires suscitent d'ailleurs un vague étonnement, comme dans un couple séparé. Les nouvelles circulent sans être remplies du quotidien des contacts et des affections. Si ma grand-mère fréquentait toujours autant Sarah, ma mère avait abandonné toute relation suivie. Elle n'avait pas apprécié la froideur de sa tante lors de l'affaire de l'enlèvement — Sarah avait vertement critiqué Danièle de s'être enfuie avant le mariage avec son beau garagiste — et, de toute façon, sa vie l'entraînait ailleurs. Elle avait un mari, un enfant, un travail, son quotidien était très pris. Ni mannequin ni actrice, elle était saisie dans le trop-plein de l'existence matérielle, qu'elle considérait sans angoisse, avec détachement même, supportant stoïquement les cris de son enfant, qui détestait dormir. De sorte que les Coutris ne sont pas pour moi si familiers. Ils sont l'autre branche, qu'on ne peut même plus appeler les Rougon puisque l'histoire de cette famille est celle d'une inversion, pour des raisons que l'on va voir, les Rougon devenant les Macquart et les Macquart les Rougon, sans doute parce que s'il est bien beau de parler sans cesse de déterminisme social et d'hérédité, ma mère n'en avait pas grand-chose à faire.

C'est ainsi qu'on assiste, sans heurts, sans scandales, sans même de motifs de brouille puisque tout le monde apprécie Michèle et Christian, à une lente séparation. Certes, ma tante Jacqueline, comme ma grand-mère, les voit toujours beaucoup, mais la vie familiale ne se concentre plus dans la grande maison de Clamart et la Fraternité n'a plus le pouvoir de rassembler ces existences éparses. Tout le monde est parti, tout le monde a pris son envol et la ruche d'autrefois, trop pleine de cris, de corps et de mouvements, s'est vidée de tous ses occupants, à l'exception de Sarah et d'André.

L'existence familiale se déroule maintenant dans la vraie maison de mon enfance, en Normandie, dans un petit hameau battu par les vents sur un plateau normand, La Mare Hermier. Trois photos enregistrent la métamorphose de ce lieu. D'abord, en noir et blanc, la maison des origines, une vieille bicoque où des planches tiennent lieu de mur. Fierté de mes grands-parents néanmoins qui possédaient pour la première fois de leur vie un toit à eux. Puis la même maison, flanquée d'un potager qui draine le terrain, l'enrichit. Les planches sont remplacées par des murs de brique. On devine les mille travaux par lesquels la famille embellit peu à peu le jardin, la maison. Enfin, une photo tardive, en couleurs, témoigne de l'ultime métamorphose de la masure en une *résidence secondaire*, avec un beau terrain à l'herbe dense, aux fleurs éclatantes, planté d'arbres, et un certain air d'opulence, deux chiens-assis ouvrant le toit, qui font qu'on ne reconnaît même plus l'apparence originelle.

Dans mon enfance, ce fut une maison de plain-pied, qui comptait une cuisine, une salle de bains avec une baignoire sabot, une salle à manger et deux chambres, auxquelles s'adjoignait l'atelier de mon grand-père. Il y rassemblait tous ses outils, autour d'un établi et de son étau qui fascinèrent mon enfance. Les entretiens m'ont évoqué ce grand-père, mais ce qu'il fut pour moi, c'est ce mouvement précis et appliqué, cette présence très calme qui s'enfermait dans son atelier comme d'autres dans une rêverie, environné de ses outils, de ses innombrables clous et vis qui tapissaient le mur à la façon d'un artisan-chevalier endossant son armure d'acier. Chacun trouve son utopie et lui la vécut dans son retrait tranquille, en marge des autres, retrouvant ses gestes de menuisier, sans se mêler à la vie quotidienne. À l'étage s'étendait l'espace immense du grenier, sombre et odorant, terrain d'exploration.

La famille se rassemblait dans cette maison chaque week-end. Ma mère et mon père, mon oncle et ma tante, leurs enfants qui naissent un peu après moi, David puis Arnaud, mes grands-parents, ma tante Jacqueline, Geneviève plus rarement. Nous partions de Boulogne le samedi matin pour revenir dans les embouteillages du dimanche soir. Ces deux jours étaient consacrés au travail et aux repas. Mon père, pourtant parti de très bas depuis l'épisode de l'enlèvement, avait conquis sa dignité en travaillant dur dans le jardin et la maison, égalisant le terrain, ramassant des brouettes de cailloux, creusant et pelletant. Et chacun, d'ailleurs, était évalué à la qualité de son travail, les femmes dans la maison et surtout à la cuisine, les hommes dans les travaux de force. Les Meslé, par leurs métiers, avaient bien entendu l'avantage — que pouvait-on faire contre des serruriers et des électriciens? — mais la minutie et la résistance de mon père n'étaient pas sans attrait. Il était capable de travailler toute la journée au jardin, ne s'arrêtant que pour déjeuner. En tout cas, il parvenait à compenser ses origines bourgeoises et intellectuelles, toujours un peu suspectes aux yeux de ma grand-mère, qui l'aimait bien et l'aimera toujours bien, même après le divorce, demandant souvent de ses nouvelles, tout en s'en moquant un peu, ne surmontant jamais totalement ses réticences premières. Elle m'a raconté plusieurs fois l'anecdote du camembert. Ma mère avait déclaré avant le premier repas pris en famille : «Inutile d'acheter du fromage. Maurice est un ascète.» Grave erreur : un *ascète*. Un ascète, c'était un mystique, un intellectuel, un homme qui voulait sortir du lot commun, de la vie matérielle. Ne pas manger de camembert, ce fromage fort, normand, terrien, là encore c'était se distinguer, c'était ne pas être comme eux. C'était être prétentieux, crime irrémédiable. Et ma grand-mère de rire des années plus tard : «Ah! on l'a vu, l'ascète. Il mangeait comme quatre! Et tu l'aurais vu engloutir le camembert!» Il avait mangé, il avait bien mangé. Ce n'était pas un ascète. Il pouvait être accepté.

Il y avait aussi que mon père était un *beau gars*, pas du tout le juriste étriqué que ma grand-mère pouvait craindre, mais un homme de grande taille, au poil noir et dru, maigre et musclé. Il avait prolongé son service militaire, avait été sergent, il aimait la dépense physique et le risque. Il se perchait au sommet de la maison, tout en haut de l'échelle la plus haute, taillait les arbres en appui instable sur les branches les plus élevées, au point de provoquer la frayeur de toute la famille, tant il prenait des risques invraisemblables. Il aimait toujours être à la limite, juste avant de tomber. C'était son lien aux choses et aux êtres, et parfois à lui-même. La limite infime où tout va s'effondrer, par la provocation, la colère, le déséquilibre. Il explorait cette limite, sans calcul, simplement parce que c'était sa nature, dans une forme d'affirmation de soi qui semblait aussi demander le rejet. La chute était toujours là, en suspens, menaçante. En retour, il suscitait l'agacement, l'hostilité, l'amour. Mais cela engendrait également le respect et ma grand-mère le respectait.

Car il s'agissait bien de cela. En ces temps-là, Madeleine conduisait la maisonnée. Elle décidait des courses et des repas, commandait son mari, sa *bru* Martine et son fils, même s'il fallait davantage se méfier de Danièle. Elle inspectait le chantier de la maison, et un jour qu'elle n'était pas satisfaite du lit de Martine, elle le défit d'un coup sec.

« Ce n'est pas comme ça qu'on fait un lit. Refaites-moi ça. »

Et Martine, bouillonnante, d'obtempérer. Mais c'était comme cela : travaillant dur elle-même, à la maison comme au jardin, pour les fleurs (si le reste était réservé aux hommes, elle s'occupait de la bande de fleurs qui longeait le mur mitoyen, les groseilles du fond, fruits et non fleurs, semblant un terrain intermédiaire, à la fois masculin et féminin), Madeleine exigeait que chacun fasse comme elle. Et malgré la fatigue du travail de la semaine, malgré son état de santé, elle allait du soir au matin, ne s'arrêtant que pour le café, après déjeuner, pour lequel elle avait préparé une tarte aux pommes. C'était sa halte, la seule.

La Mare Hermier, pour un hameau, était assez étendue. Plusieurs fermes séparées par une mare, de grands terrains. Après les maisons venaient les champs de maïs et de blé qui occupaient tout le plateau, sur lequel tournaient en ronronnant, pendant les moissons, les moissonneuses-batteuses. Un grand arbre isolé ponctuait seul la plaine. Des corbeaux noirs volaient dans le ciel. Quelques troupeaux de vaches et de moutons, conduits par de vieilles paysannes, passaient parfois.

Et par-delà les champs se dressait une ceinture de forêts, encerclant le plateau, qui plongeait alors vers les villages alentour, en bas des côtes diverses, si raides que même les voitures les remontaient avec peine. À Acquigny, on allait chercher le pain et la viande. À Louviers, la ville, la vraie, se tenait le marché, où les paysans apportaient leurs produits et leurs bêtes fraîchement écorchées. Leurs mains étaient parfois teintées de sang séché et on ne comprenait pas toujours ce qu'ils disaient. Ils étaient larges et bruyants. Mais cela, c'était par-delà les forêts et nous passions rarement cette ceinture. Les bois étaient denses, profonds, barrière impénétrable. Il n'y avait pas de sentiers. Notre vie était une série de mondes qui s'emboîtaient : la maison, le hameau, le plateau, les forêts, le monde extérieur. À mesure que nous traversions les frontières, les espaces se faisaient plus lointains et plus mystérieux, presque inconnus.

5

Chaque dîner familial apporte l'occasion de mon procès. Pourtant, cela commence bien. On se retrouve, cousins, oncles, tantes, souvent nous ne nous sommes pas vus de l'année et nous sommes heureux de nous revoir. On s'embrasse, on plaisante, on lance les mêmes moqueries éculées et confortables, presque tendres. On aide aux derniers préparatifs, on dresse la table, on boit l'apéritif. Tout cela est très agréable.

Le repas est lancé, chacun discute, échange des souvenirs. Je commence à me méfier. Et cela ne rate jamais... le procès encore et toujours.

Les premiers arguments peuvent d'ailleurs être agréables. On dit que j'étais intenable, que je grimpais et courais partout, traversant les rues sans tenir la main, escaladant les murs, les arbres, me balançant aux branches. Bref, un gamin hardi, l'image devrait me plaire. Impossible d'en profiter pourtant, je sais que cela va dégénérer.

Jacqueline va rappeler qu'un jour, alors qu'elle était aux fourneaux, elle a reçu un violent coup de pied dans le mollet. Se retournant, interloquée, elle découvrit un enfant furibond qui lui déclara : «Tu m'as mal parlé!», parce qu'elle avait dû lui faire une remarque une ou deux heures plus tôt.

Ma mère évoque alors ma sauvagerie envers les

85

étrangers. Dès que des invités pénétraient dans l'enceinte de la maison, je m'enfuyais. Il fallait me courir après et m'obliger à saluer, si l'on parvenait à me retrouver.

Le chœur parle à ce moment des jeux que nous pratiquions avec mon cousin David. Nous nous étions taillé des lances, les pointes durcies au feu, que nous nous jetions au visage, en nous tenant à une vingtaine de mètres. Le lâche était celui qui bougeait. Ce jeu, nous le pratiquions aussi avec un arc et des flèches d'acier mais comme le danger était réel, nous avions droit à un bouclier que ma tante Jacqueline (complice donc!) nous avait découpé à la scie, dans le fameux étau du grand-père, en confectionnant également une poignée de grosse corde, solidement vissée. C'était un jeu d'une grande dextérité : l'archer devait viser juste et l'homme au bouclier n'avait qu'une fraction de seconde pour parer la flèche. Comme c'était moi, je crois, qui avais inventé ce très beau jeu, l'accusation en profitait.

Il se trouve alors toujours quelqu'un pour s'émouvoir de l'attitude que nous avions, David et moi, envers Arnaud, de deux ans plus jeune que son frère. Nous avions décidé qu'il n'avait pas le droit de sortir de la maison. S'il avait le malheur de contrevenir à nos ordres, nous le pourchassions. J'aimerais toutefois préciser que la seule fois où Arnaud eut la main percée d'une fléchette (même pas une flèche), le fautif fut David. On voit combien je suis innocent.

Mais l'accusation réserve son argument suprême. Elle vient de Jacqueline, qui s'avance, seule à la barre. Selon elle, j'aurais un jour poursuivi David, une hache à la main, tellement fou de rage qu'elle s'était précipitée pour m'enlever l'arme. Ni David ni moi ne nous souvenons de ce malheureux épisode mais il faut bien avouer que j'ai du mal à m'en relever. Et à ce moment, le procès se termine, tout le monde me regarde avec un air entendu, comme si mon cas était très clair.

En fait, j'étais entré dans l'imaginaire. L'enfance était notre royauté, La Mare Hermier notre domaine, prolongé jusqu'aux forêts. Nous nous entraînions aux combats, à l'arc, aux lances et au couteau, voire aux haches, que nous projetions contre le tronc des arbres. Rien n'était plus beau que de voir un couteau lancé à plusieurs mètres planter sa lame brillante dans l'écorce sombre. Nous les lancions pendant des heures, trouvant la bonne distance, la vitesse de rotation la plus exacte. Qu'il y ait eu quelques énervements, peut-être même une hache levée sur la tête de l'autre, c'est bien possible. Nous étions des hommes d'armes, pas des mauviettes. Nous étions durs au mal et adroits, en vrais chevaliers. Nous grimpions au cerisier du fond du jardin, dont le tronc incliné s'offrait à nous, et nous poursuivions notre ascension le plus haut possible, dans le nœud des branches épaisses, et si par malheur nous tombions, c'était sans se plaindre, sans même dire un mot.

Nous étions des explorateurs. Un hiver, nous avions découvert un étang dans le bois d'Acquigny. Les arbres alentour étaient moussus et humides, l'eau était opaque. Il nous semblait que des monstres se lovaient sous la surface, avec leurs lourds tentacules. David et moi décidâmes de bâtir un radeau. Nous savions très bien comment faire : je l'avais lu dans *Robinson Crusoé*. L'atelier du grand-père permettait tous les travaux.

Nous y empruntâmes scie, hache, clous, vis, marteaux, cordes, en cachette, logeant tout cela dans un sac, et nous courûmes vers la forêt. Il nous suffit de trouver des branches fermes que nous taillâmes à la hache. Ensuite, David, très habile de ses mains, trouva le moyen de lier et de clouer les rondins ainsi débités. L'ensemble nous prit plusieurs jours. Comme les parents étaient habitués à nos aventures, nos absences ne les étonnaient pas. Nous évoquions des promenades. Ils devaient nous trouver très calmes. Enfin vint le grand jour. J'avais trouvé un chapeau de cow-boy, nécessaire à deux grands capitaines. Nous portâmes le radeau jusqu'à la berge. Nous coupâmes deux longues perches dans de jeunes arbres afin de nous guider dans notre traversée. Et puis le radeau fut jeté à l'eau. Notre cœur battait. Il flotta vaillamment à la surface de l'étang. David fit un pas et grimpa sur notre navire. Je le suivis. Nous commençâmes à pousser sur nos perches mais déjà le beau navire coulait. Haletants, nous poussions désespérément mais en vain, notre œuvre illustre s'enfonçait toujours plus profondément et nous avions de l'eau jusqu'aux genoux. Vint le moment où l'eau opaque et dégoûtante nous enveloppa la taille. Un vrai capitaine meurt toujours avec son navire. Nous contemplâmes en silence notre naufrage, endurant stoïquement la mort à venir, et puis soudain nous nous précipitâmes en hurlant vers la rive. Fin du radeau.

Mais le bois d'Acquigny n'était pas notre terrain naturel. Le vrai territoire de nos découvertes se situait dans un bois merveilleux, dont l'orée jouxtait la maison de la grand-mère Nizard, une vieille femme qui venait d'Inde, pays si inconnu et lointain qu'il nous semblait presque féerique, et il ne me paraît pas anodin que la porte d'entrée de notre imaginaire se situe à quelques mètres de cette maison magique. Lorsque nous passions devant chez elle, nous nous dissimulions, parce que quelque temps auparavant, alors que nous jouions sur son puits, faisant aller et venir le seau, la chaîne s'était soudain déroulée et sa vitesse s'accélérant, nous n'avions pu la stopper, la manivelle venant frapper nos mains avec une telle force que nous avions tout lâché. Le seau était tombé dans l'eau, la chaîne avait continué à se dérouler et avait elle-même accompagné le seau tout au fond. Nous étions partis, très gênés, avec un air innocent qui dut donner à penser car un quart d'heure plus tard nous vîmes arriver notre voisine, Mme Nizard. Un frisson sinistre nous courut dans le dos et lorsqu'on nous appela, nous nous présentâmes, rougissants, devant Mme Nizard qui nous demanda d'un ton froid — mais c'était plus une affirmation qu'une question — si nous avions perdu la chaîne dans le puits. Nous avouâmes : un homme d'honneur ne ment pas. Mme Nizard se tourna vers nos parents, comme pour les prendre à témoin, leur dit quelques mots, puis s'en alla. Nous nous tînmes prêts pour le châtiment, qui fut dans mon souvenir assez bénin, quelques cris et menaces peu convaincants.

Quoi qu'il en soit, une honte tenace nous faisait plier le dos lorsque nous passions devant la maison, poursuivis par les aboiements du chien, et nous détalions pour nous réfugier sous le couvert des arbres. Un sentier — le seul peut-être de ces forêts — cheminait pendant quelques centaines de mètres et puis remontait vers les clairières. C'était à ce moment que nous l'abandonnions pour plonger au cœur de la forêt, dont la végétation se faisait plus dense et plus humide et dont le sol se soulevait peu à peu, bossué par des rochers, la pente s'accentuant. Et tout à coup, derrière un énorme bloc, un domaine s'ouvrait à nous, avec des plantes inconnues et des arbres gigantesques d'où tombaient des lacis de lianes dures. Cette végétation incompréhensible se distinguait de tout ce que nous connaissions. Emplis d'excitation, nous avancions sous le couvert épais, le soleil ne pénétrant que par quelques trouées, l'eau dégouttant de la roche moussue. Nous grimpions sur les rochers en nous balançant aux lianes. Personne ne croisait jamais notre chemin, nous étions parfaitement seuls. Le silence même était plus épais sous les arbres, comme une respiration contenue. Seuls quelques froissements d'ailes crevaient parfois la voûte des feuillages. Nous progressions aussi silencieusement que possible, murmurant lorsque nous avions besoin de communiquer. Il était évident que nous étions dans un espace inconnu et que la prudence s'imposait.

Puis les pentes s'élevaient subitement de part et d'autre d'un petit sentier. Nous étions conduits vers le centre de nos explorations car il fallait bien que le mystère de cette végétation inouïe s'éclaircisse. Et soudain tout s'expliquait, en effet, car la pente à notre droite se faisait verticale et, au détour du chemin, se dressait une immense paroi de pierre, ombrée de terre et de lichens, mélancolique comme seuls pouvaient l'être les restes d'une cité détruite. Nous comprenions alors que ce territoire était l'ultime témoignage d'une civilisation disparue et, atterrés, saisis d'une tristesse profonde devant la mort, il nous devenait évident que nous étions en face de la *planète des singes* : ce que nous prenions pour les vestiges d'une civilisation du passé était en fait notre *propre avenir*, à nous seuls révélé, notre pauvre planète détruite par la folie des hommes. Il convenait alors de verser quelques larmes sur notre futur.

6

Est-ce à dire que l'utopie collective était morte et qu'il n'y avait de refuge que dans l'imaginaire et les joies de la famille ?

Pas tout à fait. Certes, la Fraternité était loin. Je n'y étais jamais allé et mes parents ne m'avaient même pas baptisé. Comme mon père avait été baptisé catholique pour le protéger des arrestations des Juifs pendant la guerre tout en étant parfaitement athée, comme ma mère était protestante, ils avaient jugé plus sage de ne pas régler la question.

Toutefois, mon père, poussé par ma mère, avait quelques engagements politiques. Tout cela, c'était dans un autre monde, bien différent de La Mare Hermier, beaucoup plus réel et concret, celui de Boulogne-Billancourt d'abord, puis de Parly 2 où mes parents s'étaient installés, l'aisance venant. L'appartement de Boulogne était minuscule, mes parents achetèrent un grand cinq-pièces avec un jardin dans une cité qui venait de se construire à côté de Versailles, un de ces programmes immobiliers inséparables des années 1970 : *à dix minutes des Champs-Élysées par l'autoroute, des immeubles de standing et de prestige.* Il fallut manger des pâtes pendant quelque temps mais ma mère, qui n'avait vécu jusque-là que dans des boîtes à chaussures, prenait sa revanche en inaugurant une série d'appartements toujours plus beaux et plus grands.

Si mes parents étaient passés à côté de mai 68, ils étaient néanmoins *de gauche*. Comme mon père discutait toujours politique, et qu'être *de gauche ou de droite* était pour lui une classification d'essences, ma mère l'incita à s'engager. Il s'inscrivit à la section socialiste locale, devint franc-maçon et délégué local de la CFDT dans la société d'assurances qu'il avait rejointe après Renault. Il était *réformiste*, c'est-à-dire que *l'utopie était un horizon idéal qu'il fallait construire concrètement mais pas un horizon réel post-révolutionnaire.* Bref, le genre de propos qu'on avait à l'époque. Son modèle était Michel Rocard. Il collait des affiches, discutait dans des réunions à Parly 2 ou Versailles, écoutait des conférences. Il me dit plus tard qu'il avait entendu un jeune universitaire brillant et barbu, avec de grosses lunettes, dont la maîtrise l'avait impressionné et qui s'appelait Dominique Strauss-Kahn.

Chez les Coutris, en revanche, on n'abandonnait rien de la révolution. L'idéal messianique les animait en permanence et ils avaient remplacé le dieu des Religions par la révolution. Mai 68 avait été pour eux un événement formidable et la répétition de l'immense révolte à venir, qui ruinerait les bases vermoulues de la société capitaliste.

Je relis mon entretien avec le fils aîné de Michèle et Christian, Thierry. Je l'ai appelé un soir, dans sa maison de l'Ardèche. Il m'a fait patienter un peu, pour s'habiller, me dit-il, puis il a commencé à me raconter sa vie, d'abord avec réticence puis plus de passion, mais en tout cas avec sincérité, sans rien nier des impasses, des illusions et des échecs. Parfois, simplement, craignant que je ne connaisse pas le contexte de ces années et que je le prenne pour un fou furieux, il me précise les dates et l'esprit du temps. À un moment, il s'interrompt. Après un silence, il me dit que pour la première fois depuis presque trente ans, il a retrouvé les camarades d'extrême gauche de son groupe, nommé Révolution, né d'une scission de la Ligue communiste révolutionnaire d'Alain Krivine, dans une réunion à Paris où ils étaient près de cent cinquante. Des destins bigarrés, beaucoup sont devenus écologistes ou sont engagés dans des associations. « Et voilà que tu m'appelles, une semaine après. » Et il se tait de nouveau. Je sens que tout remonte en lui, toute son adolescence, toute sa jeunesse.

Puis il reprend. Il m'explique qu'il y a eu une très courte génération, qui avait entre douze et quinze ans pendant mai 68 et qui fut selon lui une génération perdue parce qu'elle avait découvert le monde à travers les manifestations et les rêves des parents ou des grands frères, durant des événements qui leur semblaient extraordinaires. Une enfance choyée, protégée, et puis soudain cet événement incroyable pour un adolescent, cette déflagration dans la société qu'ils avaient voulu reproduire, imiter. Oui, ils imitaient, ils n'étaient pas eux-mêmes.

Il me raconte que ses activités ont commencé dès la seconde, en 1970, au lycée Rodin. Il se définit lui-même comme un « emmerdeur ».

« Qu'est-ce que c'est, "un emmerdeur" ?

— Un emmerdeur, au début des années 1970, c'est un gars qui distribue des tracts sur tous les sujets imaginables, qui se lève en classe pour faire des remarques, qui se fait exclure, qui intervient dans les conseils de discipline pour s'élever contre cette mascarade de justice et qui agite tout le lycée au point de retenir les professeurs en otages jusque tard dans la soirée. Enfin, en otages, le mot est trop fort, mais bon, il y a un peu de ça. On les a vraiment retenus. »

Généralement, les élèves indisciplinés, surtout lorsqu'ils ont réussi par la suite, affichent une grande satisfaction. Ils développent avec complaisance leurs hauts faits et se vantent, comme si leur attitude prouvait leur caractère et leur courage. Rien de cela chez Thierry, dont le ton, très factuel, est dépourvu de toute emphase. Ni honte ni fierté. C'était comme cela, c'était l'époque. Il se souvient des professeurs, dont certains parvenaient à se faire respecter, tandis que d'autres abandonnaient, sombraient dans la dépression, sans jamais comprendre comment eux, qui enseignaient la littérature, les sciences ou les langues, pouvaient bien être les suppôts du capitalisme et les reproducteurs de l'ordre social. Et même les quelques professeurs ouvertement favorables à mai 68 n'appréciaient pas forcément les excitations de leurs élèves.

Thierry se souvient aussi du proviseur, qui l'avait poursuivi avec une poêle à crêpes alors que les lycéens gauchistes, en soutien à une grève ouvrière en Bretagne, avaient monté dans la cour un stand de crêpes, tout en distribuant des tracts et collant des affiches partout sur les murs de l'établissement. Il se battait contre les groupes

d'extrême droite, en batailles rangées, avec d
fer, intervenait dans les autres lycées pour l
tâchait d'y dénicher de nouvelles recrues. J
très bien ce qu'il me dit : dans mon adolescence, j
la fin des années 1980, les affrontements entre extrême
gauche et extrême droite étaient encore nombreux, avec
une sorte de fascination pour la violence comme manifestation de virilité, et de nombreux gauchistes, surtout
des trotskistes, venaient nous catéchiser. L'un d'eux, un
grand jeune homme pâle et maigre, en imperméable,
semblable à un prêtre, avait eu de longs entretiens avec
moi. La discussion était ardue, avec des références à
Marx, Lénine, la révolution de 1917, les agissements
de Trotski. Il m'avait entraîné dans un petit square, au
bas de la rue Mouffetard, nous étions assis sur un banc,
tandis que les gens passaient, et il m'entretenait de ces
propos d'un autre âge, qui nous semblaient pourtant si
actuels, si essentiels. Mais je ne sais pas si c'était le fond
qui m'importait ou seulement l'attrait et la difficulté de
cette discussion, argument contre argument, alors qu'il
fallait me débattre avec mes maigres armes d'élève de
Terminale, connaissant peu Marx et pas du tout Lénine.

Toujours est-il que je comprends Thierry mieux qu'il
ne le pense, même si celui-ci était plus jeune que mon
dialecticien. Il me parle des réunions politiques, sous
l'autorité d'un dirigeant plus âgé, «des réunions très
chiantes et très régulières», où ils discutaient de l'évolution de la situation politique du pays, des avancées, des
interventions à venir dans les facultés, les usines. Manifestations, réunions, comité de suivi, soutiens à des grèves.
«Quand j'y pense, c'était pitoyable», me dit-il. Il affirme

cela sans s'attarder, d'une voix assez ténue. L'entretien n'est d'ailleurs pas toujours facile à suivre, parce que sa voix est faible, tant il semble replonger dans cette époque, revivre les soubresauts de son adolescence, tout en la jugeant, avec une sévérité qui me semble excessive. Je trouve beaucoup moins con de vouloir changer le monde à seize ans que de jouer aux jeux vidéo et de chercher des images porno toute la nuit sur Internet. Mais je ne lui dis pas, je le laisse parler.

« Et tes parents, que pensaient-ils de tout cela ? Michèle, Christian ?

— Ils étaient inquiets. C'était paradoxal parce qu'ils étaient eux-mêmes militants et il nous est souvent arrivé de manifester en famille, Michèle, Christian, Yves, Élise, Karine et moi. Nous avons même milité ensemble dans un même groupe, ma mère et moi, après une fusion éphémère de Révolution. Mais personne ne voulait que j'aille trop loin. Il fallait que je fasse des études. Un jour, j'ai annoncé que j'allais bomber le lycée. Christian s'effraie, se met à balbutier, haletant. Il avait compris que j'allais mettre une bombe. Et puis ils se sont beaucoup inquiétés aussi pendant une manifestation très violente, après un combat contre un groupe d'extrême droite, Ordre nouveau. Mais je n'étais pas blessé. »

À la fin de la première, le proviseur de Rodin appela Christian pour lui annoncer que son fils était expulsé du lycée. Deux années de militantisme effréné dans les murs de son établissement lui suffisaient. Thierry vécut donc sa Terminale au lycée Henri-IV. En somme, c'était une promotion. Mais Révolution n'était qu'un groupuscule sans renom dans ce nouveau lycée, où d'autres mouvements étaient représentés. Thierry se sentit isolé et il ne parvint pas à étoffer le groupe. C'est peut-être ce qui lui permit d'obtenir son bac.

7

La vie d'une famille est ponctuée de ses naissances, ses mariages et ses morts. Ces événements en rassemblent les membres, qui se ressourcent à ces réunions primitives et profondes, toujours liées à la vie et la mort.

André Coutris mourut en 1975, des suites de sa maladie de Parkinson. Il mourut à l'âge où l'on mourait à l'époque, juste au moment de profiter de la retraite, mais ce n'en fut pas moins une perte essentielle. La grande référence de la famille disparaissait. Le temple fut bien trop étroit pour accueillir le fondateur. Tous vinrent à son enterrement et si la vie d'un homme se mesure à ceux qui l'entourent au jour de sa mort, alors celle d'André Coutris fut grande. Famille, amis, employés, membres du Temple et de la Fraternité, habitants de Clamart, tout le monde voulut être présent pour la mort du Juste. Le mot est peut-être excessif car André n'était pas un héros, il avait d'ailleurs refusé la Légion d'honneur parce qu'il n'avait pas combattu pendant la guerre, soldat seulement en 1939 et au début de 1940, pendant la « drôle de guerre ». Il n'avait pas été résistant, il n'avait sauvé personne. Mais c'était un homme bon et droit, et il y a une forme d'héroïsme à mener une vie droite.

André Meslé mourut à l'été 1976. Il faisait très chaud

en Normandie, la mare du hameau était desséchée, révélant une craquelure marron clair, avec une mince flaque boueuse en son centre. La terre sur les bords s'effritait, poussiéreuse, puis devenait plus spongieuse à mesure qu'on avançait mais il n'y avait plus vraiment d'eau. Et les vaches, en passant, tendaient le cou avec inquiétude. Leur monde avait changé. L'herbe du jardin avait jauni. Mes grands-parents, chaque soir, arrosaient les fleurs pour qu'elles ne meurent pas. Mes parents avaient quitté la maison dans l'après-midi d'un dimanche, ainsi que mon oncle et ma tante, pour revenir à Paris.

Ma grand-mère était à l'intérieur. Mon grand-père arrosait les fleurs devant la maison, le tuyau à la main. Je jouais devant lui. Le soleil avait baissé mais restait brillant et l'on entendait le bruissement de l'eau jaillissant du jet. Soudain, dans un profond silence, mon grand-père s'effondra sur la pelouse, avec une sorte de douceur. Je restai un moment stupéfait puis je me précipitai en appelant « grand-mère! grand-mère! ». Elle arriva en courant, elle qui ne courait jamais, et je crois, avec le recul, que dans l'accent de ma voix, alors que je n'avais rien compris de ce qui se passait, mais sans doute parce que quelque chose en moi d'infiniment plus primitif et conscient que je ne l'étais avait très bien compris, elle savait déjà qu'il était mort.

Il y a un blanc dans mes souvenirs. L'image suivante est celle du corps de mon grand-père, le soir, allongé sur le lit, veillé par ma grand-mère. Elle ne pleura pas devant moi. Je ne sais comment elle eut la force de le porter jusqu'à la chambre. Peut-être a-t-elle été aidée par les voisins. Je ne sais rien d'autre que cette chute infiniment

98

recommencée dans ma mémoire, toujours silencieuse et toujours douce, avec les soubresauts d'un jet d'eau sur la pelouse.

8

La source de l'imaginaire pulsait naturellement sur le plateau normand offert à nos explorations. Dans ces intervalles merveilleux des vacances et des week-ends, baignés dans les forêts et la transparence cristalline entre la nature et notre imaginaire, même au cœur des arbres plus sombres et plus menaçants des bois d'Acquigny, nous errions en souverains superbes. Nous étions les seigneurs de ce royaume et jamais rien ne s'opposait à notre royauté.

Si la source n'était pas moins puissante à Parly 2, charriant ses images et ses aspirations avec la même force, la vie sociale en contrariait la poussée. Mon cousin, compagnon d'imaginaire, était absent et le quotidien appartenait à l'école. Il y avait en ce lieu une menace latente. L'institutrice n'était pas à redouter mais il fallait néanmoins apprendre ses leçons, se lever tôt, parcourir le chemin de la maison jusqu'à l'école, un sentier piétonnier, avec le cartable sur les épaules, suspendre ses vêtements aux crochets du couloir, prendre sa place dans la classe, faire les exercices, apprendre à lire et à écrire. J'avais très vite appris à lire mais je n'aimais pas écrire. J'étais gaucher et à mesure que je traçais les lettres au stylo à encre, en lourdes lettres malhabiles, mon avant-bras traînant sur la feuille effaçait mes lettres, élargissait des auréoles encrées et sales, dessinant de répugnantes volutes que je contemplais avec malaise.

À l'école vivait surtout un être terrifiant. On parlait de ses colères terribles, de ses emportements, et lorsqu'il traversait la cour, avec sa barbe d'acier et ses larges épaules, nous l'observions avec un mélange de peur et de fascination. C'était le professeur de gymnastique. On disait qu'il soulevait les élèves par les oreilles et que l'un d'entre eux en avait eu un lobe déchiré. Un jour, je l'ai vu sourire en discutant avec notre institutrice. Comment un être pareil pouvait-il sourire ? Je ne comprenais pas bien.

Et puis il y avait les autres. Aucun Éden n'a jamais survécu aux groupes et si le paradis, au lieu d'Adam et Ève, avait été peuplé d'enfants, il aurait été aussitôt transformé en enfer. Personne ne m'ennuyait, sans doute parce que je n'offrais aucune tare susceptible d'être exploitée par mes camarades. Je n'étais ni gros ni laid, aucune faiblesse évidente, cicatrice ou boiterie, ne me désignait à la vindicte, j'étais bon élève sans l'être outrageusement. Ce n'était pas le cas de tous.

J'avais un ami, Richard. C'était un enfant gros et lent, très doux, qui allait le nez au vent. Nous étions presque voisins et, possesseur d'un magnifique fort Playmobil, peuplé de soldats, il m'invitait souvent à venir jouer chez lui, où sa mère nous préparait le goûter. Je l'aimais bien. Un jour, à l'école, tandis que nous bavardions tous les deux, un groupe d'enfants, l'air résolu, s'approcha de lui. Un meneur, un garçon que personne n'aimait mais que beaucoup craignaient, lui intima l'ordre de le suivre. Richard, tremblant, obéit. Je ne savais que faire. Il fallait l'aider mais l'audace me manquait. Le chevalier était un lâche. Le groupe entraîna Richard dans un coin de l'école et je ne vis plus rien. Lorsqu'il revint, Richard pleurait en remontant sa culotte.

Cet épisode enfantin a été oublié puis, bientôt, transformé. J'étais certain d'avoir secouru Richard en sautant sur le meneur. Je me voyais le sauver, je le voyais distinctement. Le preux chevalier n'avait fait qu'une bouchée de son adversaire, et le Bien l'avait emporté sur le Mal. Ce souvenir remplaça l'autre avec une merveilleuse aisance.

Puis, jeune homme, à l'issue d'une série de rêves angoissés, je me réveillai brusquement avec la conscience brutale de la vérité : ils avaient entraîné mon camarade au fond de la cour, ils l'avaient humilié en lui baissant sa culotte, avec le sadisme satisfait des enfants, et moi je n'avais rien fait. Soudain, dans mon lit, plus de dix ans plus tard, et sans que je puisse savoir pour quelle raison éclatait soudain la vérité, je redécouvrais toute la scène. J'avais été témoin, je n'avais rien fait et j'en avais eu si honte que j'avais refoulé le souvenir puis je l'avais remplacé par un autre, plus conforme à l'idée que j'avais de moi-même. Le voilà donc, le preux chevalier, explorateur des cités disparues, si habile à l'arc, au couteau et à la hache, détenteur de l'empire du monde et pourtant incapable de secourir son ami ! Je ne me disais pas que les autres étaient coupables, puisqu'ils l'étaient par définition, je ne me disais pas que Richard aurait dû se défendre, puisqu'une victime, estimais-je obscurément, ne pouvait pas se battre, non, je pensais que j'étais le vrai coupable, le seul lâche.

En un épisode unique et bref, j'avais expérimenté, et

toute ma vie ne ferait que développer ce noyau intime de mon enfance, la perversité des groupes humains, et l'étrange et venimeux trio du bourreau, de la victime et du témoin — cette position de l'homme qui regarde, derrière une paroi transparente, incapable d'agir, incapable de se satisfaire du seul regard, contemplateur coupable du spectacle de la vie.

Je n'eus jamais l'occasion de combattre ma lâcheté. Non seulement parce que le groupe ne s'en prit jamais à moi, mais aussi parce que le divorce de mes parents me fit quitter l'école.

Avec la même douceur incompréhensible que la chute de mon grand-père, mes parents se séparèrent. Sans que je dise le moindre mot, par cette bizarre fatalité qui faisait tomber les événements sur moi sans que j'aie le moindre pouvoir de décision, comme si tout s'incrustait dans ma peau malgré moi, en silence, mon monde basculait. Après quelques cours particuliers de mon institutrice, qui m'enseigna les divisions dans un brouillard, tant la situation me gênait, seul avec elle dans la salle après les cours, on me fit sauter une classe, on m'emmena à Paris, ville immense, dans un grand appartement aux plafonds démesurément hauts, et ma mère vécut avec un autre homme que mon père.

Alors commença une période de grand silence, qui devait durer des années. Dans cette nouvelle ville, cette nouvelle école, cette nouvelle vie, l'unique allié de l'imaginaire devint la lecture. Ma mère avait commencé par me raconter au coucher des contes, des légendes et des mythes ainsi que des histoires de la Bible qui me fascinaient. Dès que je fus capable de lire, je m'enfonçai dans

102

un monde parfait, aux sensations ouatées. Rien ne me fit davantage exister que le tuf immense, disparate des lectures de ces années. Même si je n'étais, au regard extérieur, qu'un buste immobile devant un livre ou un corps allongé sur le lit, une main sous la tête, une autre pour tenir le livre, une vie étincelante bouillonnait en moi et mille aventures se déroulaient, infiniment plus riches que tout ce que la réalité, si pauvre en comparaison, pouvait m'offrir. Je lisais ce que mes parents m'offraient, ce que leurs bibliothèques présentaient, je lisais tout, le bon comme le mauvais. Un ou deux livres par jour, des frénésies de lecture pour plonger toujours plus loin dans les mondes imaginaires, utopies merveilleuses. Il en est resté des légendes plus agréables que les procès : *La Case de l'oncle Tom* lue en un jour, à huit ans, en refusant d'aller dîner, *La Chartreuse de Parme* à neuf ans, *Belle du Seigneur* à dix. Parfois, je lisais sans comprendre. J'avais tant besoin d'histoires, de personnages, d'événements que je sautais les pages, les descriptions évidemment inutiles, avec un flair extraordinaire pour les lenteurs. Ariane au bain ? On saute. Une description de paysage chez Stendhal ? On saute. Je ne comprenais pas ? Peu importe. Seulement la quête du plaisir, la cavalcade à travers les mondes imaginaires, à bride abattue.

On me fit voir un psychologue. Et de nouveau, je ne comprenais rien. Pourquoi devais-je aller voir, à côté de la rue des Rosiers, dans le Marais, ce vieil homme à la barbe épaisse qui me demandait si je voulais parler ou dessiner et à qui je répondais toujours : dessiner ?

Parler ? Je ne parlais jamais aux adultes. C'était pour cela, je l'appris plus tard, qu'on m'envoya chez l'homme à la barbe. Parce que je ne disais rien, je ne faisais que lire. Mon père, que je voyais un week-end sur deux et qui venait à la maison le mercredi soir, s'exaspérait de mes silences. Un jour, à Parly 2, il avait hurlé :

« Parle ! Mais parle ! Dis quelque chose ! »

Et moi, terrifié par ses cris, je m'étais mis à pleurer, je ne comprenais pas ce qu'il me voulait, je n'avais rien à dire. Et je trouvais seulement injuste et, au fond, tragique, si j'y songe maintenant, qu'on exige que je parle, parce que ce lien avec les adultes, je ne pouvais pas l'avoir. Ils m'emportaient comme une poupée, ils décidaient de ma vie, y compris pour mon malheur et moi, complètement passif et paralysé, je leur obéissais. Mais après, pourquoi me demander de parler, de babiller, de gazouiller de bonheur, poupée absolue, capable aussi de les divertir ?

Ne pas parler. Lire. Durant des vacances de la Toussaint, je n'étais pas parti. Au retour, à l'école, chacun évoqua ses vacances. J'avais lu, que dis-je, j'avais bu, *Les Noisettes sauvages* de Robert Sabatier, qui racontait les vacances d'Olivier Châteauneuf en Auvergne. Les collines, les torrents, les chiens à chasser d'un cri, l'oncle forgeron, le musculeux cousin qui crachait du sang, tout cela, qui me revient encore, trente ans plus tard, avait occupé ma vie durant cette semaine. Je devins Olivier. Je racontais mes vacances et chacun de m'écouter, fasciné, et d'envier cette merveilleuse semaine dans les éclaboussures des torrents, à pêcher des truites sauvages. Mon amie Anguelicki affirma d'ailleurs que j'avais bronzé là-bas et que j'étais devenu plus fort, ce qui ne m'étonna pas. L'institutrice, une vieille dame qui accomplissait sa dernière année d'enseignement, nous demanda de venir au tableau pour évoquer nos vacances. Je me tus brusquement. À la fin de l'heure, Anguelicki, surprise, me demanda pourquoi je n'étais pas allé sur l'estrade. Je me contentai de sourire.

Ainsi allaient la fiction de ma vie et son personnage principal.

9

Mes parents furent de parfaits divorcés. Ils ne dirent jamais du mal de l'autre, s'organisèrent sans conflits, tentèrent de lisser chaque passage de la transition, de sorte qu'au début ma mère rentrait encore à la maison pour dîner avec moi et me coucher, avant de partir avec celui qui allait devenir mon beau-père, Pierre.

Des années plus tard, quelques phrases d'explication échappèrent parfois à l'un ou à l'autre. Des disputes à mon propos, une vie matérielle envahissante, des tempéraments divergents... Mon père trop peu sociable, ma mère trop désordonnée... Faibles raisons. Trois années pour s'aimer, sept années pour se déprendre. Des tendresses, des heurts, des disputes, des sursauts, des explications, des pleurs, des sourires, des tendresses, des heurts, des disputes et puis de moins en moins de sursauts et un jour, de guerre lasse, plus du tout. Un mariage, un enfant, un divorce. Ma grand-mère récrimina une fois contre le paternalisme de mon père, qui aurait parlé à sa femme comme à une enfant, ce qui m'étonna beaucoup car ma mère savait se faire respecter. Mes camarades hésitaient d'ailleurs à venir à la maison car elle leur en imposait trop. Moi-même, sa grande taille, ses talons hauts, ses robes de soirée m'intimidaient.

Le nouveau compagnon de ma mère était son patron chez Renault. Si mon père avait été embauché ailleurs, ma mère était restée et était devenue assistante de direction. L'entreprise avait connu des heures agitées, qui avaient culminé avec la mort d'un militant d'extrême gauche, Pierre Overney, abattu d'une balle dans le cœur par un vigile. Overney était un ancien ouvrier de la Régie Renault, licencié, qui faisait cause commune avec les maoïstes. C'est durant une distribution de tracts qu'il avait été tué par le vigile, devant les portes de l'usine de Billancourt.

Ma mère avait considéré avec circonspection son nouveau patron — en femme pragmatique, elle a toujours affirmé qu'un patron était par définition un emmerdeur puisqu'il avait autorité sur son subordonné — puis l'avait apprécié. Les errements de son couple l'avaient conduite dans ses bras et ce qui avait commencé comme une banale aventure était devenu plus sérieux. Cet homme de douze ans plus âgé allait devenir son second mari.

Du reste, le hasard — mais en ces domaines, il y a peu de hasards — avait choisi pour ma mère des hommes abandonnés par leurs pères puisque tous deux avaient en commun la bâtardise. Si Maurice ne l'avait appris qu'à la majorité, lorsque celui qu'il considérait comme son père l'avait appelé pour lui apprendre la vérité, révélant ainsi l'autre famille, la famille juive, venue de Pologne et de Roumanie, Pierre le savait depuis toujours. J'ai lu quelque part qu'à la bâtardise répondent deux attitudes :

106

l'une qui consiste à se replier à l'écart du monde, à se rouler en boule sur son intimité pour se protéger, l'autre qui engendre l'appétit carnassier de se faire une place dans le monde et de s'imposer face à tous. En tout cas, si mon père, progressivement, se dégagea de toute vie sociale, Pierre vivait avant tout pour s'imposer.

Il venait d'une famille pauvre, ce qui le liait à ma mère. Pas de père — le blanc absolu, pas une photo, pas un souvenir, pas une idée de son passé ou son avenir —, un beau-père cheminot, une mère qui ne travaillait pas. Tout, dans sa vie, se fit contre son milieu et lui aussi voulut sortir du *truc*. Il avait été bon élève et enfant de chœur, et au moment où il devait faire son apprentissage, le curé de la paroisse avait convaincu sa famille de l'envoyer au lycée. Il devait tout à l'école et il parlait souvent de ses professeurs de lycée, de ses études et de ses bons résultats, notamment en histoire et en lettres. Il avait commencé des classes préparatoires au lycée Henri-IV avant de les abandonner rapidement, parce qu'elles ne lui laissaient pas assez de temps pour ses différentes activités, et il avait suivi son droit tout en gagnant sa vie comme pion et guide conférencier. Militant socialiste, il adorait la littérature et voulait devenir écrivain. Puis il fit Sciences Po, devint secrétaire général des étudiants socialistes («j'ai succédé à Michel Rocard», disait-il souvent), prit des responsabilités, s'engagea contre la colonisation, écrivit une tribune dans le journal *Le Monde* qui le fit remarquer, au point qu'Hubert Beuve-Méry, le fondateur du journal, le fit venir à la conférence de rédaction du matin, tous les journalistes debout autour d'une grande table. Il ne choisit pas cette voie mais bien des années plus tard, lorsqu'on lui proposa la présidence du journal, sans doute par une manœuvre destinée en fait à favoriser un autre, il le considéra comme un retour du destin. Il entra à la Régie Renault, s'embourba quelques années dans les débuts de carrière forcément pénibles d'une grande entreprise, avec des responsabilités faibles, des horaires lourds, une vie de famille prenante puisqu'il s'était marié et avait eu trois enfants. Sa vie de militant était moins dense : je crois qu'un de ses derniers actes marquants fut d'héberger chez lui Mário Soares en exil en France, avant la révolution de juillet au Portugal. Puis on lui confia la direction d'une usine aux États-Unis, il s'en tira avec les honneurs, d'autant qu'il parlait bien anglais, fait rare pour un Français à l'époque, et revint en France à un niveau enfin intéressant. Il n'écrivait plus mais lisait encore beaucoup et tenait un journal régulièrement. Toute sa vie, je l'ai vu prendre en notes son existence et ses lectures, conserver tous ses agendas, année après année, enregistrant compulsivement le temps qui passe, tâchant de garder des traces, de laisser une trace, contrairement à l'inconnu qui était son père et dont personne, nulle part, n'avait conservé le souvenir. Il consultait souvent un petit carnet du XIXe siècle qui lui restait de sa famille maternelle, racontant l'immigration en France d'un de ses ancêtres, qui travaillait au Jardin des Plantes et qui y avait planté un grand arbre qu'on pouvait encore voir. Cela restait, ça, c'était du solide. Un siècle et demi plus tard, l'arbre se dressait encore alors qu'il ne demeurait rien de l'immigré allemand et de ses connaissances naturalistes.

Lorsqu'il s'installa avec ma mère, Pierre avait quarante-cinq ans, il était un des dirigeants de la Régie Renault et il était fou amoureux de sa nouvelle compagne.

Je ne sais trop comment Danièle s'habitua à ce changement de vie. Eut-elle des timidités, des maladresses? Aucune idée à ce sujet. En tout cas, le Kremlin-Bicêtre était loin. Les dîners à l'extérieur étaient nombreux, Pierre appartenait déjà à tous les cercles d'influence qui structurent la société : il restait très proche du parti socialiste, appartenait à différents clubs sociaux, comme les dîners du Siècle, rassemblant patrons et personnalités, à la franc-maçonnerie, était déjà dans quelques conseils d'administration. Et il avait beaucoup d'amis, de relations, il aimait les bons restaurants, les bons vins et les cigares. Ma mère avait quitté la Régie Renault pour travailler chez Canon, puis dans une autre société dont le dirigeant, un vieux marquis, l'emmenait déjeuner tous les midis en la noyant de champagne. Elle s'amusait en sa compagnie comme elle s'était amusée avec Lulu. Chargée de la comptabilité, dont elle ne connaissait pas un traître mot, elle faisait tout le temps des erreurs : «C'est normal. Avec tout le champagne qu'on buvait!»

Quant à moi, ce divorce m'éloignait du dieu vengeur de mon enfance. J'adorais mon père sans jamais le lui montrer et l'éloignement ne fit que décupler mon adoration mais, à vrai dire, je n'ai jamais su si j'aimais mon père tout en le craignant ou si je le craignais tout en l'aimant. Ses colères étaient effrayantes, une telle obscurité était en lui… Toute sa solitude, sa mélancolie ressortaient dans les week-ends passés avec lui. Nous ne faisions que lire et nous promener. Il enserrait ma main dans la sienne, qu'il avait toujours chaude, été comme hiver, et nous parcourions les espaces. Je crois qu'il m'aimait beaucoup, ne me comprenait pas très bien et ne savait pas vraiment s'occuper d'un enfant. Parfois, nous courions ensemble pour un parcours d'obstacles dans les bois de Parly 2 ou bien nous allions à la patinoire. Il était demeuré très sportif. Il se désolait parce que j'étais petit de taille. Son fils devait être un homme. À La Mare Hermier, des années auparavant, il m'avait emmené pour un long tour à vélo. Dans une descente, je m'étais affolé et je n'avais pu retenir mon vélo qui allait droit vers les barbelés. J'avais tout lâché et m'étais écroulé, torse nu, sur les graviers qui s'étaient incrustés dans ma peau. Mon père m'avait brossé d'un revers de la main et m'avait ordonné d'un ton sans réplique de remonter sur la selle, le dos sanglant, et de ne pas pleurer. J'étais revenu jusqu'à la maison où ma grand-mère m'avait détaché les graviers restants avec une pince en maugréant contre mon père puis m'avait enveloppé dans un sac de couchage et m'avait veillé sous le pommier, tandis que la lune montait dans le ciel. Un vertige heureux m'avait saisi. Je vois encore le bleu sombre du ciel à travers les branches de l'arbre.

Mon père était ainsi. Un homme était un homme. Ni pleurs ni plaintes. Il s'était entouré d'une carapace et son fils devait être du même acier. En réalité, il était sans doute plus nerveux, plus fragile qu'un autre mais il s'arc-boutait contre le monde et tout son entourage devait se soumettre à son autorité. Même dans son entreprise d'assurances, où il allait passer toute sa vie, ses tempêtes étaient célèbres. Son directeur affirma un jour, me confia-t-il avec fierté et gêne, qu'il était «la personne la plus nuisible de la société ». Mais l'existence sociale n'était pas son fort. Rapidement, il abandonna le parti socialiste, même s'il vote encore pour lui, la franc-maçonnerie dont il trouvait vaines les réunions et les planches, pas sérieuses au fond. Il demeura délégué syndical un temps, ce qui le protégea de sa hiérarchie. Il ne manqua jamais un jour de travail. De toute sa carrière, il ne fut jamais malade. Mais il n'eut jamais aucune ambition professionnelle. Du reste, il gagnait confortablement sa vie. Le midi, il jouait au tennis.

Il s'acheta une énorme voiture de sport anglaise, aux sièges durs et au moteur vrombissant. Il conduisait très vite, en prenant beaucoup de risques, doublant toujours à la limite. Je voyais surgir la voiture ou le camion en face qui grossissait à une vitesse effarante mais lui, impavide, ne se rabattait qu'au dernier moment, lorsque les klaxons commençaient à retentir. Il était concentré et silencieux. Durant les trajets, il n'écoutait que France Inter ou France Musique et il passait immuablement deux morceaux de musique : *The Wall* des Pink Floyd et *Il est libre Max.* Et souvent il entonnait : « Il est libre, Max ! Il est libre, Max ! y en a même qui disent qu'ils l'ont vu voler… » Et je savais, malgré ma jeunesse, que c'était cela qu'il voulait et que c'était pour cela qu'il n'avait aucune attache, même s'il aurait aussi aimé en avoir, parce que rien n'est jamais si simple, et que c'était également pour cela qu'il allait au faîte des arbres ou des rochers, toujours à l'extrême pointe, ou qu'il nageait des heures en mer, vers le large, jusqu'à disparaître. En Grèce, pendant les vacances, il avait nagé jusqu'à une île d'Albanie, plongeant sous l'eau pour échapper à une vedette de police. Lorsqu'il sortait de l'eau, ruisselant, il faisait toujours les mêmes gestes, il se lissait les cheveux pour se débarrasser de l'eau, il se mouchait dans ses doigts puis il avançait, d'un pas lent, sur le sable ou les rochers du rivage, en souriant. Je crois que sa disparition au sein des éléments le rendait heureux. Il était libre.

Il croyait qu'il deviendrait clochard. Il avait un compte à régler avec lui-même. On lui conseilla — le ton était autre — dix fois de faire une psychanalyse. Cela ne l'intéressait pas. Il lut des sages indiens, sa bibliothèque accumulait les volumes d'un certain Krishnamurti. Il fit du yoga, il alla en Inde. Il méditait. Il était à la recherche de quelque chose, il ne savait pas quoi. Moi, je sais ce qu'il cherchait ; il voulait être heureux, tout simplement, et il n'y arrivait pas. Il couchait avec des femmes. Il aimait les femmes et les femmes l'aimaient. Il était beau, viril et sombre. Mais cela ne marchait jamais, cela ne pouvait pas marcher. Il aurait fallu une abnégation totale envers lui. Comme de s'occuper d'un enfant perdu, ce qu'il était sous sa carapace de terreur.

Il était le mythe de mon enfance, et d'une certaine façon, en dépit des inévitables métamorphoses de l'âge adulte, il l'est resté.

10

En somme, ma grand-mère n'avait pas tellement de chance avec les mariages, dans la famille. Elle-même en avait connu deux, sa fille Danièle divorçait, ce qui n'était pas encore à la mode (c'était bien la peine de s'être fait enlever), Jacqueline était restée célibataire, et Geneviève ne cessait de subir des déconvenues.

Le mariage de celle-ci s'était terminé dans la terreur. Mais en bonne amoureuse, tentant de rattraper les failles d'une enfance orpheline par les liaisons et les amours, elle avait connu d'autres hommes.

Raymond P., d'abord. Un homme marié avec qui elle avait couché un soir de morosité et qui avait quitté sa femme pour elle. Ils avaient eu un enfant ensemble. Puis Raymond tomba malade, et pendant sa convalescence il commença à jouer au poker avec deux amis d'enfance. Il ne reprenait pas le travail, affirmant qu'il se sentait encore faible.

L'argent se mit à disparaître, ainsi que les objets de la maison. Il finit par avouer : c'était le jeu. Cela avait commencé par le poker entre amis mais maintenant il allait au casino, à Enghien, et la passion l'avait saisi. Voilà qu'il avait été pris par le démon du jeu, le vrai, celui qui vous dévore la vie et la fortune. Tout y passait. Tout s'en allait sous les coups de boutoir de la roulette et des casinos. Il promit qu'il n'y retournerait plus. Promesse d'ivrogne. Il s'endetta, il fit tout ce qui était possible et impossible mais en tout cas il était là, au casino, devant les tables de poker et la roulette. Sous la menace, il se fit rayer à Enghien, en demandant qu'on lui interdise l'entrée. Il se rabattit sur les courses de chevaux, sur le Multicolore, à Paris, un casino à sommes modiques. Geneviève lui trouva un travail, lui ordonna de s'y rendre. La vie semblait reprendre son cours. Un jour, elle l'appela au bureau : personne ne l'y connaissait. Il n'y était jamais allé. Le couple se sépara.

113

«Les hommes, ce n'était pas mon fort, me dit Geneviève. Je ne suis jamais allée les chercher, ils me sont toujours tombés dessus. J'avais besoin qu'on m'aime, j'avais besoin de tendresse. Je n'ai pas eu de père, ça n'a pas aidé. Ma mère ne m'aimait pas, elle m'en a trop fait. Je l'ai côtoyée, je l'ai reçue, mais c'était pour garder la famille, pour garder l'unité avec mes frères et sœurs. Je lui en ai énormément voulu. J'ai suivi une psychothérapie. On m'avait dit : "Tu t'en remettras quand ta mère sera morte." Je prenais des cachets pour dormir. Tout ça me hantait. »

Pendant son récit, j'avais pensé à *L'Assommoir* de Zola. Coupeau, le mari de Gervaise, bon ouvrier, sérieux et travailleur, a un accident sur un toit qu'il répare et tombe. La jambe cassée, il se remet, Gervaise dépensant tout son argent pour les soins et refusant qu'il aille à l'hôpital, mouroir de l'époque. Pendant sa convalescence, il se met à goûter à la bonne vie, parcourt les grands boulevards, mange au restaurant et se met à boire. Il ne reprendra jamais le travail. Même si Geneviève n'est pas Gervaise, notamment par la ténacité vitale qui est le propre de cette famille, je comprends de plus en plus pourquoi ce livre m'a tant marqué.

Quelques années plus tard, Geneviève rencontra Pierre R. Un homme marié lui aussi, de famille noble. Un dentiste. Ce fut aussi soudain qu'avec Raymond. Il quitta femme et enfants pour s'enfuir en Lorraine, près des mines, où il ouvrit un cabinet, avec Geneviève comme assistante dentaire. Deux plus exactement. Un pour les mineurs et un autre pour les ingénieurs et le directeur. On ne se mélangeait pas à l'époque. Pierre R.

114

était un homme intelligent et triste. Un malheureux. Un alcoolique.

Un enfant naquit. Ils revinrent à Paris. Le couple, accablé de disputes, miné par la boisson, se sépara. Pierre R. commença une dérive qui l'envoya à Sainte-Anne (comme Coupeau). Geneviève lui rendit visite une fois par semaine puis, un jour où elle se présentait, on lui annonça qu'il était parti. Il vint une fois jusqu'à la maison. Elle ne l'accepta pas. Il appela une fois par mois à son bureau, dans un emploi d'assurance qu'elle avait trouvé. Elle refusait qu'il appelle à la maison.

Un mois, il n'appela pas. Il était mort.

Entre-temps, Geneviève avait connu des années difficiles, avec deux filles à élever, des problèmes d'emploi, une période de chômage. Elle n'en pouvait plus. À force de vaciller, elle tomba. Une tentative de suicide l'envoya à l'hôpital psychiatrique.

Heureusement, un couple tenait bon : Martine et Jean-Pierre. Ils avaient eu leurs deux garçons, mes cousins, et puis dix ans plus tard, une petite fille, nommée Anne-Laure. Mais comme l'a dit une fois ma grand-mère : «Avec les enfants, on fait ce qu'on peut.» Je crois surtout que c'est avec la vie qu'on fait ce qu'on peut.

Le pouvoir de Madeleine s'était peu à peu effrité avec les années. Cette autorité dont elle se servait pour faire barrage aux assauts de la vie n'avait plus d'effets et elle n'essayait plus de tout régenter. Martine lui avait expliqué que désormais elle ferait les lits comme elle l'entendrait et qu'elle était assez grande pour se débrouiller seule. C'était dans l'ordre des choses : les enfants étaient devenus des adultes et les adultes des vieillards, aux gestes plus lents, au souffle plus court. Madeleine tenait toujours son rôle à la cuisine et dans le jardin mais elle ne donnait plus d'ordres.

On ne commande pas à la mer. On ne commande pas à la vie. Le temps faisait son ouvrage.

11

Chez les Coutris, un homme manquait. André n'était plus là. Sarah, errante, se raccrochait à sa famille. Mais les petits-enfants menaient une existence compliquée, ce qu'elle ne considérait pas sans inquiétude.

Certes, l'aîné, Thierry avait eu son bac. Mais lui qui était si intelligent, si prometteur, voilà qu'il avait poursuivi son satané militantisme et qu'il avait en plus entraîné son frère Yves. Il aurait dû être ingénieur, comme son grand-père, devenir directeur d'une entreprise, il avait toutes les qualités, ce petit. Mais non, le gauchisme minait son existence. Il avait d'abord fait l'école normale d'instituteurs, comme sa mère. Mauvaise pioche. Il avait enseigné à dix-huit ans, n'aimait pas cela et ne tenait pas ses classes. Son groupe de gauchistes — comment s'appelait-il déjà... Révolte ou Révolution, oui, Révolution — lui avait alors trouvé un autre emploi, un emploi *d'établi*, à la sécurité sociale, où il devait soulever de nouvelles troupes, développer la conscience politique et autres absurdités. Et quant à Yves, son établissement avait été l'usine. Bon, il n'aimait pas l'école mais tout de même... ouvrier. Toute la conscience de Sarah se révoltait : sortir de sa condition, laisser derrière soi la dureté, la misère, l'abrutissement qu'ils avaient connus pendant des générations pour que les petits-enfants y retournent volontairement! Elle ne pouvait pas comprendre cela. Ouverte, elle l'était. Les enfants n'étaient pas gaullistes, d'accord. Ils n'aimaient pas Giscard, d'accord (d'autant que celui-là, avec sa Simone Veil et ses autorisations d'avortement, il n'était pas blanc-blanc). Vouloir la révolution était ridicule, surtout pour Christian, à son âge, mais enfin, que les enfants aient leurs agitations anarchistes — ou trotskistes ou maoïstes ou on ne sait trop quoi —, cela pouvait se comprendre. Elle avait été jeune elle aussi. Mais pourquoi devenir employé et surtout *ouvrier*? Ce mot d'autrefois, ce mot qu'ils n'avaient que trop connu, ce mot qu'ils avaient été, qui les avait enveloppés de tout ce qu'il signifie de pauvreté, sans qu'elle puisse lui attribuer la moindre noblesse, comme on voulait le lui faire croire. Seul un bourgeois pouvait vouloir devenir ouvrier. Elle regardait autour d'elle, contemplant la grande maison, et elle songeait en secouant la tête à l'existence qu'elle avait eue dans son enfance.

Et les petites-filles? Les chéries? Élise et Karine, les délicieuses et les choyées. Sarah aurait voulu veiller sur elles jour et nuit car les mêmes menaces se répétaient.

Elles avaient été merveilleuses et parfaites. Douces, croyantes, curieuses et musiciennes. Élise avait prié pour ses parents lorsqu'ils avaient abandonné le culte et la Fraternité, elle avait pleuré d'angoisse en pensant qu'ils iraient en enfer. Et lorsque Christian avait voulu la détacher de la Fraternité, parce qu'elle n'avait aucun camarade, parce que sa vie était entièrement occupée par ses

117

amis de Clamart et la famille, Élise avait détesté cette idée et l'avait combattue autant qu'elle le pouvait, en se rendant aussi souvent que possible à la Fraternité et à la grande maison, où elles et sa sœur se blottissaient dans la buanderie pour en humer les odeurs. Oui, elle avait été la timide Élise, la tendre et la douce, celle qu'on pouvait enserrer dans ses bras pour fondre ensemble de douceur et d'amour. Et puis elle avait grandi. Le lycée était venu et tout avait changé.

On ne pouvait plus la reconnaître. Elle faisait toujours du piano et il lui arrivait encore de venir à Clamart spécialement pour en jouer. Et lorsque André était encore vivant, grâce à Dieu, et que Christian et Michèle étaient revenus quelques mois à la grande maison, si merveilleusement grouillante et habitée, vivante de nouveau, toute sa splendeur d'adolescente s'était épanouie entre les étages, tandis qu'elle montait et descendait les escaliers. Mais, déjà, une autre apparaissait. Moins douce, moins tendre, plus indépendante et étrangement indifférente à l'autorité des adultes. Il commençait à y avoir des histoires : elle imitait la signature des parents à l'école, participait aux grèves, aux manifestations. Elle qui n'était même pas rentrée en troisième ! Et puis cette influence du foyer, le regard de tous ces jeunes sur elle, ce regard sale des jeunes gens sans femmes… Tout cela n'était pas bon, non. Et comme les cadets imitaient leurs aînés, Thierry imitant son père, Yves imitant Thierry, Élise imitant Yves, on pouvait craindre le pire pour Karine, d'un tempérament pourtant plus tranquille, plus sage. Mais ça ne changeait rien. Yves aussi avait été plus sage que Thierry, moins excité sur toutes ces histoires

de révolution. Et pourtant, lui aussi gâchait sa vie maintenant…

Oui, voilà ce que Sarah se disait.

12

Je crois bien me souvenir de ce qu'on a dit quelques
années plus tard, alors que nous étions des adolescents.
En aparté. Dans une sorte de clair-obscur des mots.
Sans vouloir se cacher mais sans en parler trop ouvertement. Des murmures. Pas l'opacité menaçante des
secrets mais pas non plus l'éclat de la parole. Et j'y
attachais peu d'importance. «Elle a toujours été comme
ça : naïve, impulsive.» «Elle n'a rien fait.» «De toute
façon, sans Jean-Marc, rien ne se serait passé.» «Mais
non, c'est l'autre, le fou.» «Il avait déposé les armes chez
elle mais elle n'a rien fait.» En somme, elle n'avait rien
fait. Mais qui était «elle» et que recouvrait ce «fait»?
Et puis les paroles passaient, le dîner revenait vers
des propos plus familiers. Comme des gouttes d'eau,
coulant ponctuellement, sans jamais atteindre un flot
régulier. C'était seulement à propos de Sarah que ma
grand-mère haussait un peu la voix : «Et pensez! Pour
sa grand-mère! Elle en est malade!» Si j'avais eu un peu
plus de curiosité, peut-être m'aurait-on expliqué, car ce
n'était pas un secret. Non, c'était un murmure, avec des
prénoms. Sarah, Élise, Jean-Marc, le fou. Un quarteron
de lancinants mystères, de mystères des dimanches midi,
moins intéressants que les jeux avec mes cousins et moins
problématiques que *L'École des fans* de Jacques Martin,

émission mystérieuse au plus haut point, où des enfants et des parents se ridiculisaient devant mes yeux ébahis. Et même à l'occasion des entretiens que j'ai réalisés, plus de vingt ans après, l'affaire n'était pas très claire pour tous, une amie proche de la famille me déclarant : « Elle était avec Jean-Marc. Oui, c'est ça, je me souviens. »

En réalité, je comprends maintenant, même en tenant compte de l'opacité de mes propres souvenirs, que divers bruits circulaient à l'époque, à l'intérieur même de la famille, qui semblent témoigner de l'obscurité de l'affaire aux yeux même des proches. À présent que la vérité a été établie, je dois toutefois dire que la responsabilité unique de *Renaud* sur les événements est niée par à peu près tout le monde chez les Coutris et les Béral. Même si la plupart ne semblent pas le porter dans leur cœur (ou plutôt j'ai l'impression qu'ils veulent bien accepter sa fragilité, sa fêlure, tout en refusant d'avaliser le moindre de ses actes), ils considèrent bien que tout cela a été fait à deux. Élise *et* Renaud.

Tout commença à la campagne, dans une fête d'amis gauchistes de Thierry. Élise avait été invitée, parce qu'elle était de la famille, bien sûr, et parce qu'elle partageait les idées de son frère, communauté d'esprit et de destin validée par un récent renvoi du lycée Rodin pour le lycée François-Villon, établissement beaucoup plus rock and roll où les enseignants tentaient de survivre (l'un d'entre eux, le dos tourné à la classe pour écrire au tableau, avait vu un couteau se planter à quelques centimètres de sa main) et quelques élèves d'étudier. Mais surtout parce que c'était une jolie fille de quinze ans. Si elle plaisait aux jeunes migrants du foyer, elle plaisait tout autant

120

aux jeunes gauchistes qui voulaient tous sortir avec elle. Et personne n'avait réussi, malgré leurs manœuvres assez balourdes, bonnes intentions révolutionnaires mâtinées d'érections adolescentes.

Et puis vint Renaud. Il arriva un peu tard et on ne sait d'où. Tout le monde pense qu'il a débarqué à la fête par hasard et qu'il a réussi on ne sait comment à séduire Élise. Ce n'est pas tout à fait vrai. Les deux se connaissaient déjà. Renaud appartenait au groupe Révolution et Élise l'avait interviewé pour un journal lycéen. Il avait cinq ans de plus qu'elle, il croyait comme personne à la révolution. Il n'était pas beau, il était maigre et ahuri mais il était petit et blond, intense et perdu. Il faut croire qu'à quinze ans et demi l'instinct maternel joue déjà, car là où les plus drôles, les plus brillants, les plus séducteurs avaient échoué, dindons plastronnants, le plus perdu gagna. Haut la main. À la fin de la soirée, Élise partit avec lui, sous les regards ébahis, et six mois plus tard, à seize ans pile, elle quittait le domicile parental pour s'installer avec lui.

Qui était Renaud? À vrai dire, je ne l'ai jamais connu et en ce domaine comme en d'autres, je ne puis que transmettre les témoignages, toujours suspects, toujours déformés. Un enfant, me dit-on. Un feignant, entends-je encore. Un illuminé et un fou. Un pauvre homme. Quelqu'un qui n'a pas eu de chance. Un fils égaré de la révolution. En revanche, chacun s'accorde pour me parler de son milieu. Renaud venait d'une famille ouvrière, il avait dix frères et sœurs, une mère que son mari avait battue avant de tous les abandonner, ainsi qu'un beau-père qu'il considérait comme son vrai père.

Tous habitaient un deux-pièces dans le XXe arrondissement. Les rapports entre eux étaient durs, les rapports avec les autres étaient durs, les rapports avec l'école, avec le quotidien, avec l'argent étaient durs. Et tout explosait souvent. Mais c'était aussi une famille marquée par le syndicalisme ouvrier, par un grand-père résistant, et même si Renaud avait raté ses études, il lisait beaucoup, comme un furieux, comme un passionné. Marx lui avait appris à voir le monde et toute sa fureur avait compris que le monde était divisé en riches et en pauvres et qu'on aurait beau mettre des couleurs par-dessus tout cela, peindre et encore repeindre, trouver mille raisons et justifications, il n'y avait qu'à regarder autour de lui, dans cet appartement pourri avec une marmaille affolée, pour tirer la conclusion. Seule la révolution pouvait faire culbuter ce monde-là. Et qu'on les plaigne ou qu'on les glorifie, qu'on fasse de leur condition l'étendard de la gloire à venir ou qu'on les étourdisse de belles paroles et de pleurnicheries ne changerait rien à ça. Et lui croyait à la révolution plus que tout autre parce que la révolution c'était lui, c'était son identité, c'était sa famille, c'était aussi tout ce qui lui avait permis de sortir de son identité et de sa famille et de se réveiller en militant révolutionnaire, soldat du monde à venir. Et à cette époque, dans sa famille, tout le monde croyait en lui. Lui s'en sortait, lui était intelligent, lui citait Marx et Lénine, lisait des centaines de livres, des philosophes. On l'adulait. Il donnait un sens à tout ça. Il donnait un sens à l'entassement dans le deux-pièces. Ils ne vivaient pas pour survivre, ils vivaient pour être *aliénés*. On peut supporter de manquer de pain, on ne peut pas supporter de n'avoir aucun sens à sa vie. Et lui, Renaud, donnait un vrai sens.

Et maintenant, voilà que le fils préféré ramenait une bourgeoise à la maison, une vraie fille de famille qui s'exprimait aisément, jouait du piano et semblait surtout si étrangement libérée, comme si tout était facile et fluide, comme s'il n'y avait jamais ni obstacles ni barrières. Car c'était bien une bourgeoise, il n'y avait pas à s'y tromper. Peut-être n'avait-elle pas d'argent, puisqu'elle était en rupture de ban, mais oui, Élise appartenait à la bourgeoisie, elle avait tété le sein de la bourgeoisie protestante qui lui donnait l'audace, la légèreté et la force de refuser les bourgeois, les familles et l'autorité. Renaud était en colère. Élise était libre.

Au cours des entretiens, celle-ci me dit qu'elle l'aimait et qu'il la fascinait. Je retrouve cette impression de liberté : elle s'exprime avec une très grande facilité, revenant sur son passé sans hésitation, l'assumant pleinement. Ni honte ni amertume, et une certaine fierté. Porter haut son passé, quel qu'il soit. Je l'appelle, souvent elle n'est pas là ou bien elle est dans le jardin. Le téléphone saute, il n'y a plus de batterie. Parfois, elle me dit qu'elle n'a qu'une demi-heure. Elle me dit : « Je te raconte ça et puis je dois y aller, j'ai le repas à préparer. » Et soudain elle me laisse en plan, juste avant une séquence de vie trépidante. Tout est facile et en même temps c'est elle qui mène le jeu.

Je ne sais pas s'il en était ainsi avec Renaud. Élise menait-elle le jeu à seize ans ? Je l'ignore. La vie n'était pas facile, apparemment. Ses parents donnaient deux cents francs pour la chambre de bonne, elle suivait les cours au lycée, tout en surveillant la cantine, ce qui lui assurait quelques rentrées d'argent et lui permettait d'empocher parfois quelques provisions pour le soir. Pendant les vacances, elle travaillait comme caissière. Des années houleuses. Elle se sentait coupable d'avoir attristé ses parents par un départ si inattendu et la vie avec Renaud n'était pas toujours évidente.

Car le révolutionnaire avait un problème : il détestait travailler. En réalité, je ne crois pas qu'il était paresseux, je crois simplement que tout rapport de travail, toute organisation hiérarchique lui étaient impossibles et qu'il ne parvenait tout simplement pas à exécuter la tâche qu'on lui confiait. À chaque fois qu'on me parle de lui, cette question du métier revient : il est incapable de rester dans un poste, il parle mais il ne travaille pas, il donne des leçons à tout le monde mais il ne gagne pas un sou. Plus posément, Élise le qualifie d'« instable ».

Or, il fallait travailler, non seulement pour payer la vie du couple mais aussi parce que Renaud était devenu soutien de famille. Par un de ces rebondissements romanesques, dérisoires, terribles ou ridicules, un de ces événements à la limite de l'absurde et du tragique qui font dériver les existences, son frère avait pris la brutale décision d'aider la famille en braquant un commerce. Il n'y avait plus d'argent et on ne sait par quel raisonnement tortueux (« crois-moi si tu le veux, c'était vraiment pour la famille », m'avait justement dit Élise) le frère sans histoires avait estimé qu'il n'y avait rien de mieux à faire que de cambrioler un bar-tabac. La police l'avait arrêté et jeté en prison, le beau-père avait fait une crise cardiaque et le seul adulte de la famille était désormais Renaud. Qui entra donc aux PTT.

Pour toute cette partie de ma famille, pourtant, le sol commence à se dérober. Parce que même pour les plus croyants, les plus inspirés, la grande Foi commence à trembler et vaciller sur ses bases. Les deux parents, Michèle et Christian Béral, dont le couple traverse par ailleurs une période difficile, ont perdu une partie de leurs illusions politiques. Michèle se consacre au travail de psychopédagogue à l'hôpital qui a fait suite à sa spécialisation d'institutrice. Sur les quatre enfants, trois ont voué leur existence à la révolution : Élise, Thierry, Yves. Seule Karine est restée à l'écart. Mais tous trois comprennent bien d'où souffle le vent. Et il ne souffle pas dans leur sens. On se rassemble pour les réunions, on évoque la fin du capitalisme et l'avenir de la révolution, mais il y a de moins en moins de monde dans les réunions, les manifestations s'étiolent et si l'on crie de plus en plus fort, c'est parce que les voix commencent à manquer. On se retourne dans les cortèges et il n'y a que quelques dizaines de personnes. Et surtout, surtout, la société entière semble se désintéresser totalement de la question : qui se soucie de la révolution, ne serait-ce que pour en avoir peur ? Quel est alors le sens de tout cela ? Thierry s'ennuie mortellement à la sécurité sociale. Pendant six mois il a rangé des dossiers puis, suite à une promotion, il est passé guichetier avant de devenir rédacteur juridique par concours interne. Personne à la sécurité sociale n'a la moindre envie de révolution. Thierry lance ses appels dans le vide. À dix-huit heures, tout le monde part et personne n'a envie de parler

125

politique. Et il s'est fait beaucoup d'ennemis : comme il s'était rendu compte que les dirigeants CGT du comité d'entreprise bénéficiaient de voitures de fonction et prenaient des commissions illicites sur les marchés, il a entamé un combat perdu d'avance et a été exclu du syndicat. En 1978, le groupe Révolution se dissout. Il n'y a plus que l'ennui et la fin de la grande cause.

C'est sans doute la période la plus amère de la vie de Thierry. Je me souviens avoir évoqué à ce moment de l'entretien *Génération* de Hamon et Rotman qui retranscrit l'histoire des engagés de 1968, à partir d'entretiens et d'archives. C'est un livre que j'ai lu et relu il y a quelques années, quand je préparais la première forme de cet ouvrage, sa forme fictionnelle, rejetée ensuite avec dégoût. Récit vrai, puzzle de témoignages, un travail énorme et passionnant. À la réponse immédiate de Thierry, je sens qu'il connaît parfaitement l'ouvrage.

« *Génération* est le livre des dirigeants de 1968, répond-il avec amertume. Il n'évoque pas le petit peuple des militants, ceux qui ont subi, ceux qui se sont retrouvés ouvriers, comme mon frère, et qui le sont restés. Yves à vingt ans était ouvrier et il n'est pas devenu Kouchner ou July. »

Une image de Serge July me revient au moment où Thierry l'évoque. Je l'ai rencontré dans l'antichambre d'un ministre où j'attendais moi aussi un rendez-vous. Il était magnifiquement habillé d'un costume noir, sombre, imposant, l'air fermé. Il m'a toisé un instant puis a détourné son regard. Oui, clairement un dirigeant.

« Les dirigeants appartenaient à la génération de 1968. Ils ont agi à ce moment-là. Nous, nous sommes arrivés trop tard. Juste quelques années trop tard. C'est de nos rangs que sont venus les terroristes. Des imitateurs marginaux, avec peu de monde, de plus en plus radicaux, de plus en plus minoritaires. »

En réalité, *Génération* parle à plusieurs reprises des perdants de 1968, des vies brisées, des établis sans avenir. Je n'y reviens pas. Je sens que j'ai éveillé des souvenirs douloureux. Mais il y a une beauté des perdants. Leur vie est triste et pourtant je la trouve souvent grande. Je pense surtout, dans *Génération*, à deux destins, ceux de Robert Linhart et de Pierre Goldman, qui me semblent caractéristiques de l'époque.

Robert Linhart était en 1968 dirigeant de l'UJC (ml), groupuscule d'une centaine de militants. Ce nom peu connu jouit pourtant, dans certains milieux très étroits, d'un grand prestige. Il me paraît significatif de l'époque. Linhart était un Juif ashkénaze, fils d'un homme d'affaires français, passé par le lycée Louis-le-Grand, qui avait intégré l'École normale supérieure de la rue d'Ulm, où il était devenu l'élève d'Althusser. Le « retour à Marx » de celui-ci, son antihumanisme, bref, tous les concepts de l'époque l'avaient séduit. Et lui-même avait séduit Althusser par son intelligence. Car s'il est un point sur lequel tous les témoignages concordent, c'est bien sur cette intelligence. Linhart fascinait par son intelligence. Tout le monde parle également de son arrogance, de son éloquence extraordinaire, impérieuse, de sa culture — notions alors essentielles. Non pas que le langage ne soit plus un pouvoir, mais les éléments de sa fiche signalétique (Ulm, Althusser, gauchisme, intelligence, arrogance — ce qui n'exclut pas d'autres qualités humaines) en font le prototype d'une époque où la rhétorique joua un rôle plus spécifique et plus déterminant encore que d'habitude. D'abord lié aux étudiants communistes de l'UEC, il a fondé cette Union des jeunesses communistes (marxistes-léninistes) à l'acronyme mystérieux, surtout par cette parenthèse en lettres minuscules qui forme comme un appendice caudal, dont il est le chef incontesté. Ce sont les « maos » puisqu'ils sont prochinois. Même son brillant second, celui dont le nom, pour de tout autres raisons, deviendra nettement plus célèbre, à savoir Benny Lévy, le futur secrétaire de Sartre, avait trouvé plus brillant que lui.

Malgré le mot de Hervé Hamon et Patrick Rotman, qui le qualifient de « Lénine » de la rue d'Ulm, je ne parviens pas à souscrire totalement à cette opinion. Ce qui me frappe, lorsqu'on considère les photos de cet homme, c'est d'abord sa fragilité, son extrême jeunesse. En 1967, visitant la Chine, plein d'admiration au pays des massacres, on le voit, avec sa chemise blanche aux manches retroussées, son pantalon gris, ses lunettes, touchant de fragilité et de naïveté, prêt à gober tous les mensonges totalitaires. Bien entendu, il est typique de ces meurtriers innocents, prêts à faire le bonheur des hommes en les exécutant et il va de soi qu'on rencontre ici ces hommes qui font les révolutions, les Saint-Just du meurtre, mais cette fragilité, cette maladresse adolescente le rangent aussi du côté des rêveurs purs, incapables en réalité de la moindre action.

La suite d'ailleurs le prouva. Pendant les « événements de mai », alors que tous les groupuscules se battaient pour un embrasement général, Linhart interdit à ses troupes de participer aux manifestations, dont l'esprit petit-bourgeois — des manifestations d'étudiants dans les quartiers bourgeois alors qu'il fallait investir les usines — nuisait au véritable combat prolétarien. Ces mots semblent étranges même si l'effet de soufflé de mai 68 pourrait lui donner raison. Pendant une semaine, alors que le pays entier semblait sur le point de basculer, alors que de Gaulle lui-même semblait avoir abandonné la France pour Baden-Baden, Linhart ne dormit pas. Vacillant d'excitation sombre, ruminant l'échec d'une stratégie qui lui semblait vaine, contemplant les masses d'hommes qui se pressaient dans les rues, il eut une crise de folie. Il fallut l'emmener à l'hôpital. Sa fille a raconté son destin dans un livre intitulé *Le Jour où mon père s'est tu*, qui raconte autant l'histoire de son père que celle des enfants des engagés de 1968, tous marqués à jamais par cette éducation.

Pierre Goldman, quant à lui, est sans doute plus proche des événements de ce livre. Il était le fils de Juifs polonais résistants et, élevé dans le culte de la résistance, sa vie fut un combat pour la révolution. Et donc, lui aussi, en un sens, une imitation. Il a dirigé le service d'ordre de l'Union des étudiants communistes à la Sorbonne, il s'est engagé dans la guérilla au Venezuela en 1968 puis, à son retour en France, il commet trois braquages. Il est arrêté quelque temps plus tard, accusé de trois meurtres dans une pharmacie, ce qu'il nie absolument. À son premier procès, il est condamné à la prison à vie avant d'être acquitté au cours d'un second procès. En 1979, il est assassiné et le meurtre est revendiqué par un groupe d'extrême droite inconnu, Honneur de la police, qui n'existe peut-être pas. De cette fuite en avant demeure l'image d'un Juif et d'un bâtard, élevé par sa mère puis enlevé par son père, dont la révolution fut, comme beaucoup, la cause existentielle.

En même temps, ces perdants de la révolution, qui sont des êtres déséquilibrés, toujours au bord du précipice, sont aussi des êtres d'une petite Histoire. On écrit sur Linhart, Linhart a écrit et Pierre Goldman fut soutenu par Sartre, Aragon, Montand, Debray tandis que Simone Signoret, l'actrice aimée par ma grand-mère, assista à son procès. Ce sont des tragédies mais des tragédies publiques. Pourtant, qui parle du «petit peuple des militants», comme dit Thierry?

Je crois que Renaud peut incarner ce peuple à lui tout seul, jusque dans ses dérives, jusqu'à la pauvre gloriole même qu'il en retira, joueur dupé de ses illusions utopiques. Car s'il est un militant qui souffrit de la chute de l'extrême gauche, c'est bien lui, orphelin au sens propre de la révolution dont il était le fils, cette révolution qui l'avait fait renaître, hors père et mère, pour se réinventer militant de la nouvelle gloire. C'était sa promotion sociale, sa nouvelle identité, le sens ultime de sa vie. Sans elle, il n'avait plus rien. Il faut bien comprendre qu'il n'avait rien d'autre. Même Élise était liée à la révolution : ils la préparaient ensemble.

Il avait quitté les PTT. Il avait de plus en plus de mal avec le travail. Avec le réel. Son monde était fait de livres et de combats rêvés, un vaste et merveilleux songe où les méchants étaient écrasés pour qu'advienne le monde apaisé, heureux, irénique de l'égalité. Oui, un univers de songes tissés, toile vibrante, tapisserie épique qui moirait la petite chambre de bonne de ses reflets changeants.

Son seul contact avec le réel, c'était désormais l'action militante, avec ses paroles, sa rhétorique, ses mirifiques appels à un peuple qui n'avait strictement rien à foutre de ces cinglés.

Ils ont tous commencé à errer ensemble, dans l'amertume. Thierry, Élise, Renaud. Yves était moins engagé (il était déjà établi dans une usine où personne ne l'écoutait, la tâche lui suffisait), Karine pas du tout, même si elle partageait les opinions de ses frères et sœur. Mais l'action militante ne l'intéressait pas.

Une forme d'errance dont le cœur est l'échec. Ils se rendaient compte que tout allait à vau-l'eau, mais justement parce que rien n'allait plus, ils allaient encore plus loin, s'enferrant dans la dérive. Ils se radicalisaient toujours davantage, justement parce qu'ils sentaient qu'il n'y avait plus d'issue. Quelques attaches pourtant les retenaient au réel : Thierry était encore à la sécurité sociale, qu'il détestait, Élise faisait vivre le couple en enseignant : elle était devenue institutrice, comme sa mère. Attaches insuffisantes : les rêves amers les lançaient dans les rues, les réunions de squats, les actions à deux sous, les rencontres louches d'êtres de plus en plus radicaux, qui arboraient leurs armes et leurs vols divers comme des faits de gloire.

Et là, ça a commencé à vraiment mal tourner.

13

Il me semble qu'il existe un problème assez net dans la vie : comment sortir de l'imaginaire ?

L'espace de mon enfance était imaginaire.

Le chemin de la rue des Haudriettes, où nous habitions, jusqu'à l'école de la rue des Quatre-Fils ne devait pas excéder deux cents mètres en ligne droite. Et lorsqu'il fallut aller au collège, à l'annexe Épernon du lycée Victor-Hugo, un ancien hôtel particulier bizarrement transformé en école, avec des salles à dorures mouchetées de noir, des plafonds qui s'écaillaient et de grands lustres décatis, la distance ne s'accrut que de deux cents ou trois cents mètres. Et comme mes camarades de classe habitaient en face de chez moi ou dans la rue voisine, le territoire parisien, après mes appréhensions d'enfance, se révélait encore plus étroit que celui de La Mare Hermier.

Pourtant, à l'époque, cet étroit territoire arpenté chaque jour me semblait un univers. Ce qui a peut-être le plus changé, depuis mon enfance, c'est justement cette perception. Déplié, ouvert de tous côtés par mille échappées, dix rues qui versaient dans dix autres, de hauts immeubles, quelques flèches pointant par-dessus les toits, le mince espace de mes déambulations était immense et, au fond, aussi mystérieux qu'en Normandie. Alors que la froideur des premiers moments à Paris, gelant toute émotion, toute affection, dans une forme d'appréhension toujours silencieuse, toujours dissimulée, avait pétrifié mes gestes, m'entourant d'une gangue de timidité, comme s'il fallait que je me déplace silencieusement dans cet espace étranger (souvenir d'une incursion dans le salon, derrière le canapé où se trouvaient ma mère et mon beau-père, dans la pièce dénudée, l'enfant muet, attentif au moindre de ses gestes, épiant et attendant), les années m'avaient rendu le mouvement et la chaleur. Et la froideur ainsi que l'ombre qui pèse encore pour moi sur la première année de mon arrivée, ne me souvenant des heures d'école que voilées de noir, s'étaient peu à peu atténuées, au profit d'une même transparence lumineuse qu'à la campagne, avec moins d'héroïsme et de grandeur. Et l'espace, là aussi, se creusait de mystères, de chausse-trappes, de dangers. Sur le chemin même de l'école, dans un parking que j'avais exploré, se trouvait une porte anonyme ouvrant sur un couloir tapissé de rouge sang, d'un luxe qui détonnait avec le béton du parking, comme un club secret et dangereux dont la fonction était sans doute de faire disparaître les êtres, pour des trafics étranges. Et il m'avait fallu retrouver mon sang-froid de chevalier pour pénétrer plus avant, jusqu'au moment où une autre porte, cette fois verrouillée, m'avait barré le chemin, me laissant le cœur battant, dans l'espoir que personne ne m'enlèverait avant que je puisse ressortir du parking.

Les êtres humains étaient imaginaires.

Les camarades de classe qui m'entouraient étaient tous — je l'ai compris plus tard, en apprenant leur parcours — des rêveurs. Ils me semblaient normaux, je comprends maintenant que, sans le savoir, nous avions flairé en l'autre des pairs. Des agités, des nerveux, promis aux exils et aux métiers improbables. Et lorsque je croisais d'autres personnes que mes camarades, le contact se révélait difficile. Une fille qui voulait m'embrasser. J'étais sur son lit, j'étais amoureux, je voulais sans cesse la voir. Mais que signifiait *embrasser*? Je lui faisais la bise. Je devinais bien qu'elle n'en était pas satisfaite mais je

133

ne pouvais pas imaginer de vraiment toucher quelqu'un et en particulier une fille, qui était comme une espèce différente. Non, pas de contacts.

Ma mère s'occupait de me rattacher, sinon au réel, du moins à ce minimum d'existence organisée qu'était l'école. Je n'étais pas mal là-bas, dans l'annexe Épernon. Je me méfiais, évidemment, mais dans l'ensemble, et même s'il me fallut encore une année avant d'être à l'aise, cela ne se passait pas trop mal. Ma mère surveillait mes devoirs, me faisait apprendre les verbes irréguliers anglais, la corvée de mes jeunes années. Parfois, elle allait chercher un bâton dans la salle de bains et m'en menaçait, ce qui m'effrayait assez peu parce que je savais qu'elle n'était pas violente. Bref, on s'amusait bien.

On avait voulu me faire apprendre le piano mais j'avais refusé. On me donnait des règles d'éducation. À table «un chat derrière le dos, des pelotes de laine sous les bras», disait ma mère. Se tenir droit, les bras légèrement écartés. Ne pas dire ceci, cela. *En face de la gare* et non *en face la gare*. *On amène ce qui a des mains* alors qu'on *apporte quelque chose*. *En revanche* et non *par contre*. Je riais et faisais semblant de ne pas retenir mais lorsque ma grand-mère disait *en face la gare*, je la considérais avec gêne.

Je lisais, ça c'était bien. Mais le résultat avait outre-passé les espérances de façon inquiétante : je passais ma vie dans les livres ou les bandes dessinées, qui s'étaient ajoutées à mon vice. *Pif Gadget*, dont j'échouais systématiquement à monter les gadgets, ne profitant que des plus simples (le couteau de Rahan ou les pois sauteurs du Mexique), avec une belle obstination. Rahan, le fils des âges farouches, était bien entendu un modèle, peut-être pas tant à cause des valeurs symbolisées par les griffes de son collier (courage, générosité...) que par son coutelas d'ivoire et son agilité. Les Super-héros Marvel : j'achetais *Strange, Titans, Nova, Special Strange* qui composaient une nouvelle mythologie.

Peu de télévision. Ce n'était même pas condamné. Juste un truc sans grand intérêt, à l'exception des émissions politiques et de quelques films. Quelques dessins animés. Goldorak. Les premiers jeux vidéo portatifs : il faut creuser des trous devant les ennemis qui me pourchassent afin de les faire tomber à l'intérieur. Je creuse comme un fou, frénétique. Ils se massent en nombre toujours plus important, je ne parviens plus à creuser les trous assez vite, les créatures me dévorent. Fou de rage, je fracasse le jeu contre le mur.

Je faisais du tennis. Du ski l'hiver. De la marche en montagne l'été et à La Mare Hermier. Un an d'athlétisme au PUC que je trouve d'un parfait ennui. Abandon.

Je n'étais pas malade. D'abord parce que j'avais une santé de fer, n'ayant même pas attrapé les maladies infantiles (et donc condamné à les connaître sous une forme beaucoup plus grave à l'âge adulte), ensuite parce que la maladie était une faiblesse. Personne n'avait le droit de *se laisser aller*. Les médicaments étaient vaguement suspects, c'était *s'écouter*. Ma mère pestait lorsque la femme de ménage, qui vint dix heures par jour dès la naissance de mon frère, trois ans après notre installation à Paris, s'absentait en invoquant une maladie. «Est-ce que je suis malade, moi?» disait ma mère. Et récemment, alors qu'elle avait une grave maladie, ma mère refusa de le révéler à quiconque, y compris ses enfants. Et quand je lui dis, après l'opération qu'elle dut bien annoncer, que ce n'était pas une tare d'être malade, elle me répondit d'un air offusqué : «Bien sûr que c'est une tare.»

Dormir dans la journée était aussi suspect. Parfois, la lecture m'endormait. Mon beau-père, inquiet, entrait dans la chambre, et me demandait : «Tu es malade?»

J'ai le sentiment que, socialement, cette famille était le résultat d'une bourgeoisie de fait et d'une origine ouvrière et protestante, sans qu'on puisse toujours assigner la provenance de tel ou tel réflexe. Ne pas se plaindre, ne pas étaler ses sentiments, pudeur généralement associée à la bourgeoisie, milieu dans lequel *on se tient*, phrase toujours répétée par ma mère, n'était-ce pas plutôt l'éducation de ma grand-mère, qui ne se serait jamais plainte et n'aurait surtout jamais évoqué la moindre intimité? Mon beau-père, dans les réunions de famille, s'exclamait : «allez, on tombe la veste», et cela ne ressemblait pas du tout à un bourgeois voulant faire peuple (même s'il voulait aussi signifier qu'il n'était pas coincé, contrairement à ce qu'on pouvait croire) mais plutôt à une sorte de gros cultivateur qui a besoin de se déshabiller pour profiter de la nourriture.

On se tient. Rien ne se déroulait jamais en public. En famille, en société, les visages étaient toujours avenants, riants, et tout allait toujours pour le mieux. Dans ma mémoire s'associent deux remarques de ma mère. Comme je m'excitais à table, dans un restaurant, elle m'avait sifflé : « Si tu continues, je t'emmène dans la rue et je te mets une fessée. » La fessée était toujours à part, bien entendu. Et une autre fois où, à une tablée d'amis, Pierre lui avait fait une remarque désobligeante (sans doute pas la première, vu la réponse), elle avait souri d'un air figé, comme une mauvaise actrice, et dès qu'elle avait pu prendre son mari à part, elle lui avait déclaré, furieuse : « Fais-moi une autre remarque de ce genre et je m'en vais avec Fabrice sous le bras. » Cette idée de me prendre sous le bras devait me frapper. En tout cas, on ne s'énervait pas en public, on n'était pas faible en public, on ne pleurait jamais (ce qui se cumulait avec l'interdiction absolue de mon père, qui n'avait jamais supporté la moindre larme de ma part), quelle que soit la situation, bref on ne montrait rien de tout ce qui pouvait exister *dessous.*

L'ensemble de ces remarques peuvent aussi se comprendre comme une forme de résistance à l'adversité. Peut-être des faits de milieu mais aussi de génération. Ne jamais se plaindre notamment, ne pas être une *mauviette* (ça n'a pas trop marché : je suis à la fois plaintif et hypocondriaque).

Ne jamais parler d'argent. Certes, à La Mare Hermier, chaque week-end, les comptes étaient faits au centime près. Et celui qui avait avancé pour faire les courses, libéral, déclarait à celui qui tâchait de le rembourser en égrenant les pièces : « Non, non, garde les centimes. » Et l'autre : « Si, si, j'ai ce qu'il faut. » Conclusion du premier, souverain et déjà un peu énervé : « Ah non, puisque je te dis que c'est bon ! » Mais il aurait fait beau voir de ne pas proposer l'intégralité du remboursement. Cependant, malgré la précision des comptes, l'argent ne pouvait être un thème de discussion. On me donnait un peu d'argent de poche, que j'accumulais comme un avare et serrais dans une tirelire, dans le but lointain de m'acheter un chien dont personne ne voulait à la maison. Mais l'argent n'était ni un thème, ni un besoin affiché, ni une reconnaissance, du moins dans les conversations. Et lorsque je contemple une photo de classe de CM2, je suis frappé par les hippies bariolés qui se pressent : un étalage de couleurs criardes et de vêtements larges et informes. Aucune notion d'argent ni de marque entre nous. La notion même de marque, je pense, n'existe pas, mais nous sommes, il est vrai, très jeunes. Les jolis mocassins et les pulls anglais qui me grattaient et dont ma mère me vêtait enfant ont été abandonnés au fil des ans. Un jour, elle a tout de même essayé de m'acheter des bottes. Inquiet de ces chaussures de fille, d'autant qu'on m'appelait sans cesse « mademoiselle », sans doute à cause de mes cheveux longs et de ma peau pâle, je passe ma journée à soigneusement les tacher, les user contre tous les trottoirs pour en abolir la louche apparence.

Un seul garçon *à la mode* en cinquième, Mikael, dont le prénom me revient, moi qui n'ai aucune mémoire, pour deux raisons : d'abord parce que ses habits ajustés et toujours très neufs provoquent chez nous une sorte de vague étonnement, ensuite parce que son père était venu menacer à la sortie de la classe deux gamins qui se moquaient de son fils. J'étais resté abasourdi.

Un épisode stupéfiant. Ma mère, m'emmenant faire une promenade en hiver, dans l'air glacé et gris, me voit les doigts gelés et m'entraîne dans la première boutique, un de ces magasins de gros qu'on trouvait rue Michelle-Comte, pour m'acheter des gants. Je suis absolument éberlué par cette facilité : j'ai froid et ma mère m'offre aussitôt des gants. Il me semble n'avoir jamais connu dans ma vie l'impression d'un luxe aussi immédiat, évident. Cette promenade avec ma mère est une des grandes joies de mon enfance.

Toutefois, chez nous, l'opulence était de mise. Grand et bel appartement, grande chambre pour moi avec salle de bains particulière, vêtements de prix pour ma mère, dont un manteau de vison (le dimanche, elle faisait son marché en survêtement troué, baskets et manteau de fourrure), beaux costumes pour mon beau-père, grands restaurants, grosses voitures de fonction (une Renault 30 aux cuirs toujours neufs, avec une odeur forte qui me répugnait lors des longs retours de Normandie, où ma mère passait en boucle Bonnie Tyler, Julien Clerc et Offenbach, entonnant souvent l'air de la belle Hélène).

Et puis, avec les années, l'argent entre dans les discussions, avec modération. L'époque pénètre les consciences. Sur le tard, discussions ouvertes sur le salaire, les impôts, combien se fait tel ou tel. Et puis *le* problème de mon beau-père, quasiment à chaque conversation pendant une période : l'impôt sur la fortune. Et moi, pas plus joli, pratiquant une science de l'accumulation petite-bourgeoise, plus pour le chien mais pour le grand appartement, refusant même d'acheter une grosse voiture : « C'est tellement plus pratique, une 207 ! » Et tout de même, reflet de l'éducation paternelle aussi, une vraie gêne face à l'étalage d'argent, face à mes amis banquiers roulant en Porsche ou Ferrari, une sorte de raideur qui me fait me détourner à moitié (« cachez ce sein que je ne saurais voir »), comme si j'étais un de ces huguenots du XVIe siècle contemplant le péché. Tout en aimant aussi les beaux appartements, les beaux quartiers et les grands restaurants.

Un épisode de fureur (un parmi d'autres, hélas) où, je ne sais pourquoi, par la fenêtre de la cuisine de la rue des Haudriettes, je jette tout l'argent de ma tirelire en hurlant devant ma mère : « Voilà ce que j'en fais, de l'argent ! » Déjà une belle capacité à détruire, donc. Et ma mère, stupéfaite de cette violence mais aussi révoltée, elle l'ancienne pauvre, la vraie, par ce gâchis. La fureur retombée, bien ennuyé au fond, je suis allé chercher une par une mes pièces dans le jardin et la cour, sans pouvoir tout retrouver.

L'imaginaire et la société. La société et l'imaginaire. Le mouvement tournoyant, contradictoire et obsédant, comme ces petits tambours à deux faces qui pivotent pendant que frappent des petites boules retenues par un fil.

140

14

Avec tout ça, on arrive pour tout le monde à la fin des années 1970. Et les choses se corsent.

III

L'Affaire

1

Avec mes cousins, nos plus hauts faits de gloire, à cette époque, étaient de grimper sur le pare-chocs de la 4L de notre tante Jacqueline afin de l'escorter, écuyers choyés, vers la décharge, où nous allions déverser les sacs d'herbe de la tonte du week-end. Nos mollets étaient verts.

Au même moment, Élise, Renaud et Thierry filaient vers d'étranges aventures.

Ces années-là, comment les comprendre, les enserrer, les restituer ? Même lorsqu'on les a connues, leur vérité impalpable se rétracte, tentacules fragiles, et j'aurai beau multiplier les signes d'époque, notre conscience altérée par les trente années qui nous en séparent nous empêche de les considérer vraiment. Est-ce que je peux simplement, pauvrement, écrire qu'on ne pensait pas de la même façon, alors ?

Un indice : le vol. Je me souviens très bien qu'avec ma mère, nous faisions des concours de vol à l'étalage. Elle ressortait d'une station-service, impassible, grimpait dans la voiture et éclatait de rire en exhibant sa prise. Et moi je faisais de même en montrant le gros gorille de plastique (ma plus belle prise) que j'avais dérobé. La voiture partait tandis que Pierre grommelait : «Enfin, Danièle, quand même...» Pourtant, ma mère est honnête et quant à moi, je suis quasiment psychorigide, ne tolérant pas la moindre tromperie. Mais l'époque pensait pour nous et à travers nous. Nous étions différents.

Que dire alors de ces milieux de l'extrême gauche radicale que je n'ai pas connus ?

Il se trouve que j'ai un guide en la matière, mon entraîneur de boxe française. Michel est un homme très doux, d'un peu plus de cinquante ans maintenant, qui vient d'arrêter l'entraînement. Il a un visage émacié, qui me fait penser aux représentations de Dante, et comme beaucoup de vieux boxeurs, il allie à une bonne condition physique d'innombrables maux : tendons d'Achille douloureux, épaules presque paralysées par les tendinites, jambes abîmées par la répétition des coups. Je n'aime pas ses crochets, qui viennent surprendre par-derrière, à la limite de la légalité, pas plus que je n'apprécie ses coups de pied pointus et vicieux. Sa petite taille et son poids léger l'ont contraint à adopter en face des grands gabarits une boxe vicieuse qui ne manque pas d'efficacité mais qu'on ne peut s'empêcher de vouloir dénoncer à voix haute. Dont acte. Il est par ailleurs scénariste de dessins animés, travail dont il vit bien maintenant et qui lui prend tout son temps. Au temps lointain — nous étions tous beaucoup plus jeunes à l'époque, je n'avais pas trente ans — où je l'ai rencontré pour la première fois, il était seulement entraîneur. Je m'étais

143

installé dans le Marais après mon divorce, pour revenir dans le quartier de mon enfance, et comme je voulais reprendre la boxe, j'avais trouvé dans le XIe arrondissement un club proche, qui proposait des entraînements tous les jours, sauf le dimanche. Michel avait bâti autour de lui une communauté de boxeurs qui était — et qui reste — une seconde famille, en plus d'une mère dont il nous parlait toujours et qu'on ne voyait jamais, et d'une compagne qui vivait à Genève. Les anciens se retrouvaient à l'entraînement, dînaient ensemble, prenaient des pots, sortaient, allaient en boîte de nuit ou en soirée. Même si la glorieuse époque du club était passée, puisque j'avais manqué le champion du monde, Richard, qui avait arrêté sa carrière deux ou trois ans auparavant, il restait des boxeurs de bon niveau comme Dédé, Jocelyn, Édouard, personnages dont j'aimais le romanesque.

Sans doute faudrait-il un récit entier pour ce club mais si j'en parle ici, c'est qu'il me livra certaines clefs. Parfois venaient à la fin du cours des amis de Michel, toujours un peu ravagés et vieillis, mal habillés, et je sentais qu'il y avait une émotion entre eux, à l'espèce de gaucherie timide qui s'emparait alors de notre entraîneur. Je savais qu'il avait été d'extrême gauche, il ne s'en cachait pas, alors même que ses opinions politiques étaient devenues très modérées. Il avait aussi pris position pour un réfugié italien, un ancien terroriste nommé Cesare Battisti, accusé de plusieurs crimes de sang, dont l'Italie demandait le jugement. Il affirmait qu'il n'aimait pas l'homme, en qui il n'avait pas confiance, mais certaines amitiés auxquelles il demeurait fidèle l'avaient amené à composer, avec certains boxeurs du club, le service d'ordre d'une réunion publique organisée en l'honneur de Battisti. Et puis surtout, il y avait eu le retour en France d'une exilée au Mexique, Hélène C., dont il avait été manifestement très proche et qu'il n'évoquait jamais sans émotion. Son arrestation avait été un coup de tonnerre, les soutiens très importants, mais un procès avait bel et bien eu lieu. Et là, j'ai senti que ce qui se jouait durant les audiences pour ces spectateurs tendus, aux traits vieillis, ce n'était pas seulement le cas de cette femme, qui n'avait pas tué, elle, c'était toute leur jeunesse, toute cette époque. Tous ces êtres partageaient un territoire impalpable, idéologique et passé, invisible à tous ceux qui ne l'avaient pas arpenté mais qui était comme un drapeau mouvant derrière eux, une étoffe souple qui les enveloppait et leur donnait une autre identité que celle que je pouvais connaître, faite de souvenirs dormants, d'espoirs partagés puis déçus. Parfois, il me semblait qu'ils se reconnaissaient sans s'être jamais croisés, que des antennes invisibles leur annonçaient leur commu-nauté secrète, celle du gauchisme et de la révolution, et que cette dimension de leur vie, ils ne pouvaient la partager qu'avec certaines personnes. Ce n'est pas qu'ils étaient fermés aux plus jeunes, c'est simplement qu'une période qui fut souvent la plus importante, la plus intense de leur existence, était interdite à ceux qui ne l'avaient pas connue. Il y avait entre tous ces êtres un continent perdu, d'autant plus perdu qu'il se confondait avec le temps et l'Histoire, et qu'il n'est pas, en ces domaines, de retour possible. Lorsque Hélène C., autrefois condamnée à perpétuité par contumace, reçut une peine de deux ans avec sursis, lorsque l'avocat général prononça un discours de pardon, tous ces êtres, au moins à ce moment, se sentirent pour une fois compris : un jour, alors qu'ils étaient jeunes, ils avaient désiré une société différente. Ils avaient été des marginaux, certains avaient été des hors-la-loi. La bataille avait été perdue, absolument perdue, mais la société actuelle, pourtant beaucoup plus dure à certains égards que celle qu'ils avaient refusée, comprenait qu'ils avaient voulu *autre chose* et était prête à l'accepter, à condition qu'ils n'aient pas commis de crime de sang.

Et comme déjà j'avais le projet de ce livre, je suis allé vers Michel et je lui ai dit :

« Ce club de boxe, c'est la communauté que tu avais dans les seventies, non ?

— Bien sûr, Boucle-d'or, répondit-il calmement en m'appelant par mon surnom au club. Le sexe en moins, tout de même, ajouta-t-il en souriant.

— Tu ne voudrais pas m'en parler ? »

Ce fut mon premier entretien pour cet ouvrage, il y a de cela environ quatre ans. Nous nous sommes donné rendez-vous dans un restaurant des Halles et je lui ai exposé mon problème : comprendre ces années, saisir le climat d'une époque et d'un milieu. Même si je pensais alors écrire une fiction, cela ne changeait rien à la résistance historique du passé, à cette quasi-impossibilité de restituer ce qui n'est plus. J'avais acheté un livre d'histoire sur la période, j'avais lu *Génération*, ainsi qu'un volume d'articles de Foucault, avec le sentiment que ses prises de position dans les journaux pouvaient mieux me faire sentir l'esprit de l'époque que ses ouvrages classiques. Mais je dois dire que cet entretien avec Michel m'a été plus utile pour cerner la vie de ces groupes de l'extrême gauche finissante, agonisant aux lisières de la criminalité et voulant seulement vivre *une autre vie*. Dans le désordre, il m'a livré ses souvenirs, ceux du milieu et d'une époque. Là encore, sans vraie nostalgie de cette époque, surtout sans héroïsation, juste avec une distance parfois étonnée, parfois compréhensive. Comme s'il observait un autre.

Michel venait alors de Lausanne, où il s'ennuyait. Il était venu à Paris, avait rencontré une bande et s'était joint à elle dans un squat d'Aubervilliers. «Il suffisait de s'envoyer une lettre à son nom et le squat devenait domicile, il n'y avait plus qu'à faire brancher l'électricité. Les toilettes ne marchaient pas, on pissait dans des bouteilles. Parfois, des vigiles débarquaient, lançant des gaz lacrymogènes dans les cheminées et lâchant les chiens. Il y en a un qui nous a bouffé les fesses.» Le règne des squats : dans l'un d'entre eux, les noms des membres étaient Poubelle, Dégueulons, Ordures, et les gars cassaient tout ce qu'ils avaient, par masochisme et autodestruction.

Plusieurs membres de la bande de Michel s'étaient connus au lycée Paul-Valéry, dans le XIIe arrondissement.
Mot d'ordre : Vie intense, boire, se droguer.

Un organisateur très doué pour les déguisements, le trafic de chèques, le vol de voiture et les faux papiers. (Je l'ai rencontré par la suite : un sexagénaire ventru, désormais, avec de très larges épaules et des mains énormes, une grosse chevalière au doigt. Un homme jovial qui parle toujours au second degré, comme si en effet il se déguisait. Pas un mot de politique, un peu de boxe en revanche, qu'il a enseignée autrefois à Michel. Il vit à la campagne. Je lui dis en plaisantant : «Je pense que tu es un homme dangereux.» Il me répond, toujours aussi jovial, mais en abandonnant l'ironie : «Oui, je l'étais, je ne le suis plus.»)

La propriété privée est abolie. Pas de propriété des corps non plus : de même que l'argent circule entre tous, la sexualité est libre, la jalousie petite-bourgeoise. Les corps vont de l'un à l'autre, au hasard des jours et des désirs. La drogue est toute-puissante : héroïne, alcool, LSD. Des aphrodisiaques merveilleux : «Une caresse envoyait au septième ciel.» Des produits d'une force incroyable avant d'être par la suite édulcorés. C'étaient des aventures sans pareille qu'ils vivaient ensemble. Sous héroïne, ils discutaient, riaient en se passant un bol dans lequel chacun vomissait à son tour. Passage à travers des squats où, dans une pièce, les uns se shootaient, dans la suivante d'autres baisaient, dans une troisième d'autres encore discutaient révolution ou P38 — les Italiens étaient à la mode.

Pas de solitude : le groupe, les bandes, les soirées, la vie en commun, la sexualité commune. Bref, la communauté.

La vie était rythmée par les vols, les expédients, les débrouilles. Les petites affaires sordides entre squats, qui ne cessent de se dévaliser entre eux (alors même qu'ils n'ont rien). Aller chercher de la drogue à l'îlot

Chalon ou dans le coupe-gorge de la rue de la Mare, un bâtiment obscur de quatre étages, aux carreaux cassés, uniquement peuplé de Noirs qui dealaient.

Des gars armés font voler en éclats la porte du squat. Ils prennent Michel et les autres en otage. «Notre copine a été arnaquée. On attend ici jusqu'à ce que le mec arrive chez vous. Personne ne part.» Une nuit entière sous la menace des armes. L'arnaqueur n'est jamais venu. Michel m'a dit qu'il avait ensuite revu l'un des types armés : il est devenu agent d'assurances.

Dans un squat, ils observent un fusil à pompe, circulant de main en main, promettant des événements merveilleux, des actes incroyables, monts et merveilles des désirs échevelés. Michel refusant absolument d'y toucher.

Une bande s'était spécialisée dans le trafic d'herbe, avec une stratégie pour le passage des frontières, moment dangereux puisqu'il pouvait se solder par des années de prison : dans le train, l'un des membres de la bande posait un sac de drogue au-dessus de la tête des autres, en affectant de ne pas les connaître et en dérangeant tout le monde dans le compartiment, faisant beaucoup de bruit pour se faire remarquer. Puis il descendait du train, laissant la drogue aux autres, qui affirmaient ne rien connaître de cette histoire en cas de fouille, tous les voyageurs évoquant alors le premier homme.

«Tout était vu à travers le filtre du romanesque. Nous n'étions pas des paumés, pas des drogués, nous étions des révolutionnaires, des êtres libres, des aventuriers. En fait, on pensait vivre la grande aventure. »

Michel insiste à plusieurs reprises sur le dérisoire de cette vie. Alors que j'ai tendance à y voir du romanesque, même adolescent, il me rit au nez, trouve tout cela dérisoire (il répète le mot) et infantile. Cette distance me surprend.

Ils avaient parcouru en stop toute l'Europe. Ils allaient de voiture en voiture (en relisant mes papiers, je trouve une note incompréhensible : « faire du stop et ils viennent de voler la voiture »), marchaient, dormaient dehors, car la tente était bourgeoise. « Il fallait que ce soit sordide. »

« Des enfants de bourgeois et d'ouvriers, mélangés, dit Michel. Chez certains, comme Joëlle Aubron, la haine de leur classe sociale mêlée à des problèmes personnels les animait d'une rage plus forte que celle des révolutionnaires mexicains. »

Des fantasmes de Résistance. Beaucoup, en retard d'une guerre, voulaient avoir un vrai destin et surtout pas la vie d'employé modèle et de père de famille qu'on leur fixait. Égarés dans la société bourgeoise de Valéry Giscard d'Estaing, ils regrettaient de ne pas vivre d'époque dangereuse. Ils voulaient la révolution comme d'autres veulent s'engager pour le front.

La toute-puissance du verbe. « C'était une époque où les mots suffisaient. » Des nuits entières à discuter, à haïr la société, à la détruire et à la transformer, au point qu'au matin elle était devenue magnifique et solaire. Les hommes parlaient de la libération des femmes pendant que celles-ci préparaient la cuisine. «Une arrogance aveugle, incroyable, des flots de mots. Celui qui parlait le mieux avait forcément raison. Tout ça a été le moment du verbe.»

Des noms qui circulaient entre eux : Foucault, Debord. (Invité à dîner chez Michel, j'ai trouvé l'*Histoire de la folie* dans sa bibliothèque.) Sartre. «On aimait Sartre. On voulait se tromper avec Sartre.» Contre Aron? «Non. Aron, c'était la droite, ça n'existait pas. Contre Camus. On se moquait de lui, c'était un modéré. Il fallait être négatif, insolent. Tout modéré était un abruti.»

Libération. «Quand, en province, on croisait quelqu'un avec le journal sous le bras, on l'abordait. Il lisait *Libé*, il était des nôtres.»

Une représentation de théâtre de rue, en Italie, à Bologne : ils mimaient la torture des masses exploitées. Gros flop dans une usine devant des ouvriers interloqués.

Des manifestations très violentes, le 1ᵉʳ mai notamment (même si la manifestation de référence, la belle, la grande, est celle du 23 mars 1979). Ils arrivaient armés de barres de fer, enfonçaient un temps les lignes des CRS avant la débandade. Les entraînements préalables (cocktails Molotov, barres de fer, combat) ont finalement orienté sa vie puisque c'est là que Michel a appris la boxe.

Les bandes se mélangeaient, tout le monde connaissait tout le monde, à force de soirées, d'errances, de manifestations en commun. Quelques centaines de personnes. Michel fréquentait surtout trois bandes, celle qu'il avait connue au départ, puis deux autres, plus radicales.

Ils écrivaient des lettres pornographiques dans des revues pour gagner de l'argent. Ils volaient dans les magasins. Ils entraient au cinéma par la porte de derrière, s'enfuyaient en courant des restaurants au moment de l'addition.

Les deux autres bandes étaient passées à un autre niveau : les braquages de banques. À cette époque, m'explique Michel (et je me souviens à ce moment de chiffres sur la criminalité qui montrent que les cambriolages de banques sont en nombre infime de nos jours par comparaison avec les années 1960 et 1970), il n'y avait ni sas ni systèmes de sécurité performants et les agences gardaient du liquide dans les caisses. Les braqueurs arrivaient, arme au poing, et se faisaient remettre l'argent, *sans coup férir*. Ils repartaient les poches pleines, comme Bonnie and Clyde, avec la même musique d'adrénaline dans la tête. Vivre vite, à tombeau ouvert.

Un braquage de banque après une soirée sous acide (précisons : Michel n'en fait pas partie, inutile de l'envoyer en prison). L'agence se trouvait dans le IXe arrondissement. Ils arrivent à pied, en métro, à mobylette. Prennent un café en terrasse, séparément, en attendant que chacun soit là. Ils entrent l'un après l'autre dans l'agence, à intervalles rassurants, consultant des fascicules jusqu'à ce que le dernier pénètre dans la salle. Deux femmes et trois hommes. Masques et perruques enfilés juste avant l'action. Et puis soudain, ils crient : « C'est un hold-up ! Ne vous énervez pas, tout va bien se passer ! » Armes tendues, comme d'habitude. Les caissiers avaient pour consigne de ne pas résister. Mais l'atmosphère est lourde, oppressante, la réalité un peu distendue et hystérique. Une jeune employée, trop lente, est frappée. Tous les guichetiers et agents sont rassemblés, sous la menace d'une arme, autour d'une table. Les caisses sont rapidement dévalisées. Ils ressortent : la police les attend, un rideau d'hommes, prévenue par un employé de la banque, grâce à un avertisseur dissimulé. Tout le monde s'affole. Ils prennent trois personnes en otage. Fusillade. Le directeur de la banque est touché. L'un des braqueurs tire avec son fusil à canon scié. Pendant que trois autres braqueurs sont arrêtés, il parvient à s'enfuir. On lui tire dessus, il enfourche une mobylette et démarre. Au passage, il prend la dernière braqueuse, enfin sortie de l'agence. Sur cette petite mobylette, la vitesse est ridicule et à la première montée, la femme descend et s'enfuit en courant, parvenant à s'échapper tandis que l'homme est rattrapé. Un des braqueurs est tué. Il meurt dans un magasin, au milieu des fleurs. La femme est seule à s'en être tirée. Des amis la prennent en charge, la cachent, la soustraient aux avis de recherche et l'aident enfin à gagner l'étranger, le Mexique.

Michel, le doigt tendu, ironiquement sentencieux : « Le pire des dangers, en histoire, c'est l'anachronisme. Cela semble proche, mais c'est très loin, parce que l'esprit du temps a changé. »

Ils jouaient aux révolutionnaires. Ce n'était pas un jeu.

Des avocats gauchistes les défendaient. Certains sont devenus très connus.

Il y eut beaucoup de morts. Les suicides, les passages à Sainte-Anne, en cellule, les crises de démence. Les drogues, l'alcool, et de façon générale, pour un certain nombre d'entre eux, l'impossibilité de vivre une vie normale qui les contraignait à errer dans la perte des repères, dans le cercle des illusions et dans le désespoir corollaire. À force de drogues, certains perdaient tout, n'avaient plus d'amis, plus rien, même plus de corps ou de conscience. Ils se finissaient à l'alcool à brûler.

Mais par-delà tout cela, les fêtes. Des fêtes de zonards, dans des squats dénudés, mais des fêtes tout de même, de grandes fêtes contre la vie, la monotonie, la normalité ; les jeux et l'insouciance, les cache-cache dans le noir, au Père-Lachaise.

Je lui demande bêtement : « Qu'est-ce que tu penses, maintenant, de tout ça ? » Michel me regarde, l'air un peu triste et las, après tous ces souvenirs.

« Le livre que je préfère, c'est *L'Éducation sentimentale*

154

de Flaubert. Et le passage le plus génial de ce livre, c'est la fin, lorsque Frédéric et Deslauriers se retrouvent, des années après. Ils se souviennent d'un moment misérable et dérisoire de leur vie, lorsqu'ils sont allés aux putes. Ils ont eu peur, ils ont chié dans leurs frocs, Frédéric s'est enfui et Deslauriers a été obligé de fuir avec lui. Et là, des années plus tard, alors qu'ils ont totalement raté leur vie, Frédéric déclare : « C'est ce que nous avons eu de meilleur. »

2

Un certain Tiennot Grumbach vient de mourir. Deux articles dans *Le Monde* pour un avocat dont je n'avais jamais entendu parler en tant que tel mais dont j'ai souvent lu le nom dans *Génération*. Toujours ce continent enfoui, et en même temps, ce qui est plus triste, une génération qui commence à disparaître. J'avais déjà connu cela pour *L'Origine de la violence*, cette fois pour une génération, celle de la Seconde Guerre mondiale, qui achevait de partir. Le symbole en avait été Jorge Semprún, qui avait beaucoup soutenu le roman et m'avait, au sortir d'une émission de radio en commun, serré dans les bras, alors qu'il ne m'avait jamais vu, m'adoubant ainsi écrivain. Et le jour même où, en cours, je commence une étude de *L'Écriture ou la vie*, sa mort est partout annoncée, suscitant la stupéfaction de mes élèves. L'un d'eux plaisante : « C'est votre cours qui l'a tué. »

3

Dans tous les entretiens, une date s'impose : mai 1981.

Les gauchistes n'aimaient ni Mitterrand ni les socialistes, ces ringards, ces socio-démocrates, mais ils espéraient tout de même sa victoire. Et dans ma famille, la victoire de la gauche était attendue comme le messie. Le soir du 10 mai, ma mère débarqua en hurlant dans la salle de bains où je prenais mon bain : «La gauche a gagné!» Et elle se précipita rue de Solférino et à la Bastille pour fêter cela, laissant son enfant ahuri et assez peu intéressé.

Et en effet, cela changea tout, pour des raisons peut-être différentes d'autres familles. Pour Élise et Renaud, la venue de la gauche resserra les liens avec les activistes italiens, et pour ma mère et mon beau-père, ce fut l'arrivée au pouvoir. Et là, il faut bien avouer que ce n'était pas le meilleur chemin pour retrouver l'harmonie familiale. Palais de la République contre P38.

Avant l'arrivée de la gauche, mon beau-père était un des cadres dirigeants de Renault. Désormais, il devenait un candidat potentiel à la présidence de l'entreprise nationale. Ses amis parvenaient au pouvoir, des gens qu'il tutoyait (d'autant qu'on tutoyait tout de suite, au parti socialiste, à l'exception de François Mitterrand) devenaient ministres, l'ancien de la Fraternité, Lionel Jospin, était même Premier secrétaire du PS. Un certain ordre des choses voulait que son tour vienne. Et en effet, la vie de Pierre et Danièle s'étoffa encore. Nous avons déménagé dans le Ve arrondissement, où se trouvaient les meilleurs lycées, dans un très bel appartement, plus grand que le précédent puisqu'il fallait accueillir un nouveau-venu, mon frère Julien, qui venait de naître. Nous habitions dans un ancien couvent restauré, magnifique, bâti autour d'un jardin. C'était le couvent où se réfugient Jean Valjean et Cosette dans *Les Misérables*, que Hugo a pris pour modèle tout en le transportant dans la fiction de l'autre côté de la Seine. En comparaison, l'ancien appartement du Marais faisait évidemment un peu grossier, un peu nouveau riche. Là, j'étais moi-même stupéfait de me retrouver au cœur du plus célèbre roman de la littérature française, à côté d'une tombe de religieuse creusée dans le jardin et que j'imaginais parfois errer dans la nuit. Le rythme des dîners et des invitations officielles s'est fait encore plus dense, au grand dam de ma grand-mère, dont on lisait sur le visage qu'elle n'appréciait pas beaucoup ces éternelles sorties, d'autant que mon frère était encore un bébé. Ma mère sentait bien cela et haussait les épaules avec la plus parfaite indifférence. De toute façon, ma grand-mère m'avait dit une fois, puisque tout de même je grandissais et j'étais bien en âge de comprendre.

« Ta mère, je préfère ne rien lui dire parce que sinon je sais qu'elle va me faire mal. Elle est si blessante, elle sait toujours trouver exactement les mots qui font mal ! »

En réalité, je ne comprenais pas bien les remarques de ma grand-mère parce que je n'avais aucune difficulté à rester seul et mon frère Julien, encore presque bébé, s'endormait avant le départ de ses parents. Mais elles se gravaient en moi parce que je vivais dans la fiction (dois-je écrire petite-bourgeoise ?) d'une famille unie, famille de carte postale ou de photo de vacances qui n'a jamais existé et qui n'existera jamais, alors que somme toute cette partie de la famille était assez unie et s'est toujours soutenue dans les moments difficiles. La moindre remarque désobligeante écaillait ma merveilleuse fiction, d'autant plus absurde que vivant tout à fait en marge, toujours replié dans mes livres, je ne participais jamais à celle que j'avais érigée. Simplement, il fallait que chacun s'aime dans le plus kitsch des mondes alors que je pense qu'ils s'aimaient mais dans la vie réelle, infiniment plus trouble.

Ma grand-mère venait du Kremlin-Bicêtre tous les mercredis, en apportant chaque fois un gâteau. Pour nous voir, elle prenait le métro puis remontait la rue du Pot-de-Fer, rue légèrement en pente qui la faisait respirer douloureusement, aidée désormais d'une canne. Moi, je l'accueillais à la porte, je lui parlais un peu, elle descendait l'escalier intérieur de l'appartement, demandait à Maria, la femme de ménage, qui sortait de la cuisine, des nouvelles de ses trois enfants, elle jouait avec mon frère puis prenait place dans le grand salon, où elle attendait l'heure du goûter. Tranquillement, je vaquais à mes occupations dans ma chambre, sans plus me préoccuper d'elle. Parfois, je descendais quelques minutes, retrouvant ma grand-mère, occupée à lire un magazine (elle était abonnée à deux magazines, *Bonne Soirée* et *Télé 7 jours*), l'air appliqué, car sa vue avait baissé, ou à regarder le jardin. Et puis je remontais.

Au goûter, et cela pendant des années et des années, elle dévoilait son gâteau, Maria apportant le chocolat ou le thé et prenant parfois une part. C'était le plus souvent un gâteau au yaourt, orange-brun à l'extérieur et à la chair blanche et onctueuse, absorbant le liquide chocolaté dans lequel je le trempais et se déchirant doucement dans la bouche. Je mangeais, je buvais, je bavardais avec ma grand-mère, mercredi après mercredi, année après année, remontant ensuite dans ma chambre, repu et satisfait, jouissant de l'amour de ma grand-mère comme une évidence tranquille, depuis toujours et pour toujours.

Un jour cependant, même chez l'animal tranquille et égoïste, sans doute parce qu'il avait grandi, la conscience s'éveilla un peu. Une conscience fugitive, éphémère qui maintenant me tourmente. Je n'avais pas vu ma grand-mère depuis quelque temps, parce qu'elle avait été malade. Ma mère était allée la chercher en voiture. Toutes deux étaient remontées du garage par l'ascenseur, Danièle avait ouvert la porte, ma grand-mère avait ôté son manteau en haut, comme elle le faisait toujours, et tout cela je le percevais du salon où je me trouvais, écoutant tous ces bruits qui m'étaient si familiers, le grincement de l'ascenseur au passage du rez-de-chaussée, la clef qui tournait dans la serrure, l'affairement sur le palier. Et puis ma grand-mère avait commencé à descendre l'escalier, lentement, avec précaution, pour ne pas tomber, sa canne se balançant en avant, tandis que son souffle, après le claquement de ses chaussures sur les marches, commençait à s'élever. Et alors, tandis que je m'approchais de l'escalier pour l'embrasser, elle me vit soudain et son visage s'illumina comme presque aucun visage, dans ma vie, ne s'est illuminé, comme si, par ma seule présence, un immense bonheur la submergeait. Et moi, la gorge serrée, je comprenais enfin. Et pas pour longtemps. Mais des années plus tard, le souvenir de ce sourire m'est revenu et ne m'a plus jamais quitté.

Dans le même temps, mon beau-père était devenu président d'entreprise. Les derniers temps à Renault avaient été occupés par des luttes de pouvoir, et même si ce n'étaient que des bruits feutrés à la maison, je percevais des noms, des énervements, des inimitiés. Le gouvernement finit par nommer mon beau-père à la tête d'Air Inter.

La présidence, ce n'était plus la direction générale. Sans que je comprenne exactement pourquoi, puisque je n'ai jamais travaillé en entreprise, le délégué général et numéro 2 d'une énorme entreprise comme Renault était un homme moins important que le président d'une entreprise d'aviation nettement plus modeste. Pierre présidait déjà plusieurs petites entreprises et plusieurs conseils d'administration, sautant allègrement d'une société à l'autre à partir de ses bureaux de Renault, à Boulogne-Billancourt, mais la présidence de la compagnie nationale changeait tout. Il était *patron*. Et ce mot était tout, notamment dans le contexte de l'époque. Il revenait souvent d'ailleurs dans les conversations : Il y avait les patrons, mot neutre, les *vrais* patrons, les *grands* patrons, de même qu'avec un sens de la hiérarchie encore plus tatillon, le milieu littéraire parle d'auteurs, pour le tout-venant, d'écrivains, de *vrais* écrivains, de *grands* écrivains, sommet inaccessible et sublime qui fait parvenir son récipiendaire au statut des grands hommes comme Hugo ou Balzac.

Quels en étaient les signes extérieurs pour sa famille ? Les horaires ne changeaient pas (départ 8 h 15 pour accompagner mon frère à l'école, retour entre 20 heures et 20 h 30) mais le départ se faisait désormais avec un chauffeur et tout le monde appelait mon beau-père président. Pour le reste, ce n'était pas très différent. Symboliquement, un fardeau social achevait de se mettre en place.

4

Chez les Béral, les regards sur cette période varient. Pour Thierry, ces années furent misérables et dangereuses. Égaré dans le monde radical, pauvre et perdu, il me décrit des « années sombres », selon ses propres mots. Il ne croyait plus à rien, tâchait de trouver le bon chemin, cherchait la solution dans Marx, sans résultat, et tentait vainement de croire à une lutte armée qui ne correspondait pas à sa nature. Il évoque une misère sociale, deux passages en garde à vue quai des Orfèvres, une impression de désespoir et de nostalgie, songeant à ses années de militantisme, à cette vie à la fois ennuyeuse et exaltante qui l'avait construit, à la découverte des filles. Il a l'impression de couler. Il quitte la sécurité sociale et son mortel ennui, entre dans un journal médical qui fait faillite. Il n'a plus rien. Plus d'argent, plus de croyances, plus de projet.

Élise n'a pas vécu cela. Parce qu'elle croyait, et Renaud également. Elle menait un combat, elle était forte et déterminée, selon les mots mêmes de son frère. La conscience d'une guerre à livrer était très forte chez elle, même si ces mots n'appartiennent plus à son vocabulaire. Son père me rapporte qu'au cours d'une de leurs nombreuses disputes à ce sujet, Élise a explosé : «Je fais ce que faisait grand-père ! Je fais la même chose que lui dans les Cévennes ! »

Le grand-père, le pasteur Béral, était résistant dans les Cévennes.

Élise m'explique qu'à la suite de la venue de la gauche au pouvoir et de l'amnistie des prisonniers politiques, la France est devenue une terre d'asile pour de nombreux opposants politiques, comme les Chiliens poursuivis par la dictature Pinochet, mais aussi pour des réfugiés italiens. Le mot qu'elle utilise est bien celui de «réfugiés» et jamais de terroristes. En même temps qu'elle parle, je songe à une photo de Berlusconi retrouvée dans mes papiers — toujours mes recherches pour le roman — et qui date de 1977 : l'homme d'affaires se trouve dans son bureau milanais. Il est assis au premier plan dans un fauteuil pivotant, habillé d'un très élégant costume, d'une cravate rayée et de bottines de cuir noir. Ses jambes sont croisées. Il est jeune encore, le visage un peu poupin. En regardant la photo, on ne sait s'il est un homme d'affaires ou un gangster : dans sa main droite il tient des lunettes noires, et sur son bureau, installé en évidence, on voit un revolver, dont la légende précise qu'il s'agit d'un .357 magnum. D'après le photographe, Berlusconi aurait déclaré pour expliquer cette arme : «Vous avez une idée du nombre d'industriels qui se font kidnapper ? » Et le journaliste de *L'Espresso* de commenter a posteriori : «En 1977, Silvio Berlusconi commence son ascension vers le pouvoir. L'arme sur son bureau est un message : il est prêt à tout. »

162

On peut en effet le lire ainsi. Mais c'est surtout un bon témoignage de la société italienne en 1977 et de la menace des Brigades rouges, infiniment plus dangereuse que celle du terrorisme français.

À l'époque où certains Italiens se réfugiaient en France, mon père avait une compagne italienne que j'aimais beaucoup, pour sa douceur et son français chantant. Parfois, je passais des vacances avec eux, et lorsque j'y repense à présent, ce que je ne comprenais pas du tout alors, la société italienne de l'époque (a-t-elle changé?) me semble totalement labyrinthique. Vera habitait dans le nord, à Brescia. Quand mon père passait la frontière en voiture, son épaisse barbe noire, son allure générale le faisaient toujours arrêter par les douaniers, qui vérifiaient s'il n'était pas lié aux Brigades rouges. Et la fille de Vera, chez qui je suis allé une fois, adolescent, et qui était une jeune femme très brune et très jolie, qui parlait un français très aisé elle aussi, était mariée avec un homme de main de la Mafia, dont elle n'avait jamais connu l'emploi du temps et qui n'avait d'ailleurs jamais dit un mot sur son métier, ne prétextant même pas de vagues activités de couverture. Simplement, il partait le matin et revenait quand il revenait. Je ne l'ai vu qu'une fois : il était silencieux, de taille moyenne, habillé d'un costume sobre et ne ressemblait pas à un gangster, comme beaucoup de gangsters je suppose. Quand nous allions dans la propriété de Vera, dans les montagnes, une ancienne ferme bâtie autour d'un patio, je passais de pièce vide en pièce vide, puisque toutes avaient été vidées de leurs meubles pour décourager les innombrables voleurs, les salles, vastes et nues, retentissant d'échos répétés tout au

163

long des quinze ou seize pièces. Lorsque la nuit tombait, apaisant la chaleur du jour, et que je voulais monter dans ma chambre, avec l'appréhension de traverser les salles sombres, Vera me disait qu'il ne fallait pas avoir peur des fantômes car elle les connaissait bien, surtout un, et ils n'étaient pas bien dangereux.

Au lever du soleil, j'apercevais parfois le gardien de la propriété — à quoi servait-il puisque tout avait été déménagé? — partir à travers champs, son fusil sur l'épaule, avec son gilet noir et sa chemise, et cette vision me semble désormais une sorte d'image immémoriale de l'Italie, ce petit homme devant être le même que celui qui gardait le château du prince Fabrice Salina dans *Le Guépard*, ou que les paysans qui en cultivaient les terres, bien loin de Brescia, à l'intérieur de cette société immobile dans laquelle s'enracine le prince, sur une terre brûlée de soleil, éternelle, ne subissant les changements que pour mieux les annuler. Et ce mélange si bizarre de terroristes, de gangsters, de fantômes et de propriétés terriennes ancestrales, dans une Italie du Nord prospère et industrielle, composait un labyrinthe inextricable, que je me contentais d'enregistrer placidement, tout en mangeant le matin, au petit déjeuner, les croissants fourrés à la crème qu'apportait Vera.

De ce labyrinthe, Élise ne connut que la branche armée du terrorisme mais c'était suffisant pour s'y perdre. En marge de ses activités d'institutrice, puisqu'elle avait choisi le même métier que sa mère (toujours cette répétition des enfants par rapport aux parents), elle s'occupait d'un journal nommé *L'Internationale* qui rassemblait les textes des révolutionnaires de tous pays défendant le principe

164

de la lutte armée, au premier rang desquels se trouvaient les expressions allemandes et italiennes mais aussi américaines avec les Black Panthers. À ce titre, non seulement elle connaissait par cœur tout ce qui pouvait se dire ou se faire en Europe contre le capitalisme (contre *l'impérialisme*) mais elle était amenée à connaître toutes les marges radicales qui passaient les frontières, circulaient, se liguaient ou se réfugiaient en France.

L'extrême gauche radicale ne concernait en France au début des années 1980 qu'un nombre réduit de personnes, et pour caricaturer, je dirais qu'avec Michel et ses amis que j'ai pu rencontrer, Élise, Renaud et les quelques membres d'Action directe, sur lesquels il me faudra revenir, j'en ai fait le tour. (Le même Michel me reprochant ma caricature, fixons l'estimation à quelques milliers de personnes.) Et dans les années 1970, la lutte armée, type Gauche prolétarienne et sa branche militaire, la Nouvelle Résistance populaire, avait somme toute été très pacifique, l'enlèvement de Nogrette, un cadre de Renault, en guise de protestation contre le meurtre d'Overney, ayant été accompli avec des pistolets vides et sans la moindre intention de blesser ou de tuer.

En Allemagne ou en Italie, l'opposition furieuse, violente, avait concerné tout le monde. La France soldait quelques survivances de la guerre et une société sclérosée, l'Allemagne et l'Italie éclataient sous la pression des secrets. L'Italie n'en finissait pas de revenir sur son passé et les Brigades rouges affirmaient d'ailleurs reprendre la lutte antifasciste qui avait été suspendue, suivant leurs propres mots, en 1945. L'agitation est profonde, multiple dans les années 1970, jusqu'à culminer avec l'enlèvement d'Aldo Moro, le président du parti de la Démocratie chrétienne, en 1978. Leonardo Sciascia est revenu en détail sur cet enlèvement dans *L'Affaire Moro*, qui, quoi qu'on puisse penser des arrangements de la Démocratie chrétienne pendant tant d'années, inspire une profonde pitié pour cet homme pris au piège dans *la prison du peuple*, tentant, par des lettres, de cinquante à soixante-dix suivant les sources, de sauver sa vie, contre les membres de son propre parti qui se drapent dans la superbe intransigeance des hommes d'État qu'ils n'ont jamais été pour ne rien céder aux Brigades rouges et ainsi condamner à mort leur président. Et dans le livre de Sciascia, les pires ennemis de Moro ne sont pas les Brigades.

Quant à l'Allemagne, la RAF — Rote Armee Fraktion — d'Andreas Baader et d'Ulrike Meinhof n'était que l'incarnation de son immense et terrible culpabilité. Baader (1943) et Meinhof (1934) étaient des enfants de la Seconde Guerre mondiale comme tous ceux qui se demandaient quel rôle avaient joué leurs parents pendant le nazisme, et ils étaient prêts à faire sauter le pays bourgeois et ramassé sur ses secrets qu'était selon eux la RFA. L'impérialisme américain, la bourgeoisie étaient leurs cibles mais les fantômes qu'ils combattaient étaient ceux du passé. Baader était ce qu'il était — encore que les articles que je peux lire sur lui sont de toute façon à charge, soulignant sa criminalité et sa violence antérieures à ses actes révolutionnaires —, mais l'important n'est pas Baader, ni Meinhof, ni la fille de pasteur Gudrun Ensslin, ni Jan-Carl Raspe (la RAF active, comme tout mouvement de lutte armée, n'a pas rassemblé dans tout son existence plus de quatre-vingts personnes), l'important, c'est l'incroyable soutien d'une partie de l'opinion à la RAF, au moins au début, un sondage célèbre révélant qu'un quart des Allemands de moins de trente ans éprouvaient de la sympathie pour la bande. Le grand artiste Gerhard Richter a même peint en 1988 quinze tableaux des quatre principaux membres de la RAF, variations grises titrées *18 octobre 1977*, jour du suicide conjoint de la bande en prison. Richter déclare même : «Die Bilder sind (…) ein Abschied» (Ces tableaux sont (…) un adieu). Et le tableau *Enterrement*, flouté à partir d'images documentaires, montre bien la foule à l'enterrement de la bande à Baader, soutien qui n'a absolument jamais existé en France pour Action directe, mouvement plus tardif des années 1980, à contre-courant de l'évolution du monde : Thatcher puis Reagan ont déjà engagé leurs pays dans la révolution conservatrice qui lance le grand mouvement de la finance moderne (Michel, mon entraîneur, avait conclu de l'écrasement de la grève des mineurs en Angleterre que tout était fini). Mais la RAF, dont les mots d'ordre étaient «favoriser la lutte des classes / organiser le prolétariat / commencer la résistance armée / construire l'armée rouge», s'attaquait à un État dont chacun soupçonnait l'hypocrisie, l'amnésie, et les responsabilités passées — Beate Klarsfeld avait crié en plein Parlement allemand «Nazi, tritt zurück!» («Nazi, démissionne!») au chancelier Kiesinger, ancien nazi ayant joué un rôle de haut niveau dans la propagande hitlérienne, puis elle s'était introduite dans un congrès chrétien-démocrate en 1968 pour gifler le même Kiesinger, geste qui avait eu un immense retentissement.

Dans un article de journal, elle raconte : «Je lui assène alors une gifle à toute volée. Il se prend le visage entre les mains. L'image est symbolique. Le geste l'est aussi : j'ai l'âge des filles d'anciens nazis qui voudraient, dans leur inconscient, infliger la même punition à leur père.»

La RAF n'avait pas cet entrain juvénile et ils ne se contentaient pas de gifler. Bombes incendiaires en 1968, prison, évasion spectaculaire en 1970, entraînements en camps palestiniens, attentats signés « RAF », arrestation en 1972 et incarcération dans le pénitencier de Stammheim, bâti pour enfouir les terroristes dans un silence total, blanc et immuable, qui serait comme un autre cachot, plus profond, plus impénétrable que les murs. Pour délivrer la bande, les commandos de la deuxième génération de la RAF se sont succédé : attaque des JO de Munich (la revendication des Palestiniens était la libération de prisonniers en Israël mais aussi la libération de Baader et Meinhof), attaque de l'ambassade de RFA à Stockholm, assassinat du procureur général Siegfried Buback, enlèvement du patron des patrons Hanns Martin Schleyer. Le bilan terrible de la RAF — meurtres des innocents, suicides de Meinhof et, la même nuit, de Baader, puis Raspe, Ensslin en 1977 — a signifié aussi un ébranlement de l'État.

Disons-le clairement : Élise n'a rien à voir avec tout cela. Le journal *L'Internationale* se contentait de traduire les textes, elle-même s'occupant de la traduction de l'italien, qu'elle avait fini par très bien parler, grâce à ses amis italiens, ainsi que Renaud. S'ils ne connaissaient pas du tout l'allemand, si Élise ne semble pas avoir eu beaucoup d'estime pour la deuxième génération de la

RAF qui, d'après elle, s'était enferrée dans la volonté de libérer Baader et n'agissait plus *contre l'impérialisme*, le mouvement étant pour elle déjà mort, même si la RAF ne se dissout officiellement qu'en 1998, ils étaient en revanche très proches des réfugiés italiens.

Et c'est ainsi que je comprends comment progressivement, par un mouvement naturel, les choses ont pu se faire. Au temps où je n'avais que vaguement entendu parler de cette histoire — non par désintérêt mais parce qu'on n'en parlait pas explicitement — et où les rumeurs s'accumulaient, l'Affaire me semblait énorme, aberrante, presque incroyable. En réalité, elle est d'une grande simplicité, par cet effet de domino, de contiguïté et d'enchaînement dont les conséquences sont souvent étonnantes (en somme, *surveille tes fréquentations*, comme disait ma mère).

Élise et Renaud fréquentaient les milieux d'extrême gauche (on l'a compris) et les squats. Elle a fini par avoir un certain nombre d'amis parmi les Italiens. Après 1981, le nombre des réfugiés s'est accentué, elle a pensé qu'il fallait les aider. Quelques gestes au départ, des dîners en commun. Puis le couple a hébergé un réfugié, puis d'autres, parfois des familles. Comme les repentis bénéficiaient d'allégements de peine parfois considérables, les dénonciations étaient parfois fausses ou excessives, certains n'ayant commis que des forfaits véniels — je remarque qu'Élise insiste souvent sur la fragilité, la faiblesse des actes, comme si elle voulait vraiment me convaincre qu'il ne faut pas la rattacher aux crimes de sang —, de sorte que la fuite pour la France devenait nécessaire pour beaucoup. Élise, qui n'arrivait plus à mener sa double vie d'enseignante et de... je ne sais comment dire, peut-être gauchiste, peut-être militante, peut-être hors-la-loi, a demandé un congé sans solde à son administration, si bien qu'elle n'avait plus d'argent et qu'il lui fallut trouver des expédients, les ménages, la plonge, suivant cette détermination et cette capacité à assumer ses choix que personne ne peut lui retirer, pour louer des logements de plus en plus sordides, puisque le couple avait dû, faute d'argent, quitter l'appartement de Montrouge.

Renaud travaillait comme graphiste dans une imprimerie. Il commença à fabriquer des faux papiers, qui se révélèrent d'une grande qualité. La nouvelle de ses aptitudes circula, beaucoup lui en réclamèrent. Et c'est ainsi que, de fil en aiguille, ce fil et cette aiguille étant tout de même dangereux, un groupe en fuite les contacta : Action directe.

5

C'est à peu près à cette époque — j'avais quinze ans, il était temps — que ma mère voulut que je devienne ministre. Démarche plus institutionnelle, on l'avouera. Elle me regardait :

«Je ne sais pas trop ce que tu vas faire. Ministre ou président d'entreprise. Ministre, il n'y en a pas beaucoup et les places sont chères. Mais c'est intéressant. Président d'entreprise, c'est bien, on n'a pas besoin d'entrer dans les détails : les directeurs s'en occupent.

— Oui, maman.»

Elle était ennuyée parce qu'elle ne parvenait pas bien à déchiffrer mon profil. La médiocrité était bien entendu interdite mais elle échouait à lire clairement mon avenir.

Ma mère, disons-le hautement, était une voyante, au point qu'un peu plus tard mon frère l'appela «la sorcière», pour son intuition étonnante des personnalités. Elle fixait les gens, les dénudait d'un regard et les perçait à jour. Puis, lassée d'avoir reconnu un type humain finalement si banal, malgré les tours et déguisements que chacun arbore, elle se détournait. Une de ses amies m'a toujours affirmé, avec cet aplomb déconcertant qui se conjugue à l'irrationnel, qu'elle était une médium qui refusait son pouvoir. En réalité, je me suis surtout rendu compte avec le temps que ses jugements ex cathedra étaient tantôt parfaitement justes, tantôt complètement à côté de la plaque, mais elle aussi les assénait avec un ton de parfaite certitude. En tout cas, à quinze ans, mon avenir était tout tracé. Inutile de s'inquiéter. Cela allait être grand.

Lorsque Pierre découvrit mes bulletins de seconde, il eut beau jeu de se moquer : «C'est avec ça qu'il va devenir président?» Crime de lèse-majesté : ma mère l'avait dit.

Il faut bien avouer que jamais je n'avais été plus mauvais dans toute ma scolarité. Le lycée Henri-IV où je venais d'entrer était d'un niveau beaucoup plus élevé que mon petit collège et surtout je vivais dans une brume qui me fait encore frémir. Jamais je ne me suis autant débattu avec moi-même, avançant dans un brouillard sombre, n'ayant aucune amitié, aucun camarade même dans ma classe, peuplée d'êtres antipathiques qui ne cessaient d'évaluer mes notes en mathématiques et en physique, désastreuses, ou se vantaient de leurs courses de cross, de leurs connaissances en films d'horreur, le tout dans une atmosphère oppressante et silencieuse ponctuée par les sanglots d'un géant malingre qui pleurait à longueur de cours parce qu'il avait été refusé par une jolie fille blonde, assise au premier rang, tétanisée, ne sachant quoi faire de son fardeau larmoyant.

Je me souviens avec horreur de mon aboulie de cancre. Ces soirées longues, pesantes, angoissantes où je me représentais le contrôle à préparer et où il m'était même impossible d'installer le manuel sur ma table, tandis que les heures passaient et que je restais couché à lire sur mon lit. Je me fixais des échéances : «Allez, dans une demi-heure, je commence le travail.» L'échéance arrivait et je me disais : «Encore quelques pages à lire, la fin du chapitre.» Et puis le chapitre s'arrêtait sur un suspense haletant et je continuais, tandis qu'enflait dans ma tête la culpabilité, la conscience sombre de ma paresse et de mon inaptitude. Mais de toute façon, il se faisait trop tard. Je ne pourrais plus rien faire de bon. Il valait mieux mettre le réveil très tôt le lendemain matin, afin de travailler une heure avant le contrôle. Ce serait beaucoup plus efficace. Et j'éteignais la lumière, me réfugiant dans le sommeil. À l'aube, le réveil, une machine jaune à la sonnerie effrayante, devenue une véritable ennemie, carillonnait de son trépignement aigu, mais j'étais si fatigué, si engoncé dans la chaleur des draps que je ne pouvais me résoudre à abandonner ce bienheureux engourdissement, alors même que la mauvaise conscience me taraudait. Et c'était de nouveau le jeu des promesses : «Encore cinq minutes et je me lève. » Mais je ne me levais jamais et plus le temps passait moins je pouvais me lever, car l'angoisse me saisissait et il devenait de plus en plus inutile de se lever : « De toute façon, pour travailler un quart d'heure… » Et puis arrivait le moment où on m'appelait d'en bas, parce qu'il était tard, parce que j'allais être en retard. Je me pressais alors, je descendais l'escalier, prenais un rapide petit déjeuner et je courais à travers les rues pour ne pas être en retard au contrôle détesté, sachant que je ne comprendrais rien aux questions, que tout allait être, encore une fois, catastrophique.

Et je vivais tout cela dans une véritable douleur car j'aurais tant voulu être un bon élève, faire mes devoirs, réviser mes contrôles ! Mais c'était devenu impossible car je ne savais même plus de quoi on parlait en cours. Au fil des mois, la distance entre mon corps perché sur sa chaise, sur l'estrade opposée à la chaire du professeur, et le tableau s'était tant accrue, que je ne comprenais plus un seul des petits signes cabalistiques inscrits par le professeur de mathématiques, qui nous disait de le tutoyer et de l'appeler par son prénom, par quelques restes d'une époque révolue qu'il était seul à vouloir faire perdurer parmi les enseignants du lycée, mais qui n'en persistait pas moins à me torturer de ses lignes abstraites.

J'essayais même de me donner du courage par mes lectures. Un jour de contrôle d'histoire, un mercredi, je m'en souviens, j'avais relu un livre moral de la IIIe République, *Le Tour de la France par deux enfants*, pour prendre exemple sur ces deux enfants audacieux, courageux et travailleurs qui m'étaient donnés en modèle, tâchant de m'aiguillonner pour m'asseoir à mon bureau. Je l'avais lu toute la journée, toute la soirée et à la fin, plein de courage, tout à fait déterminé, je m'étais rendu compte qu'il était trop tard et que malgré toute ma bonne volonté, ça aurait été une erreur de se mettre au travail. Il était nécessaire d'être bien reposé avant un contrôle.

Peut-on dire que je vivais encore dans l'imaginaire ? N'est-ce pas plutôt que je subissais la réalité comme une pluie noire, rassemblant autour de moi des haillons d'imaginaire, plus rien, non, plus rien de l'Éden d'autrefois, juste un malaise, un brouillard ? Mes parents étaient trop loin de moi, à des années-lumière, autant parce que j'avais coupé les ponts, leur barrant l'accès par mes silences et des murailles de livres, que par le rythme de leurs vies. Je n'avais plus d'amis, mes camarades, dispersés à travers Paris, devenant beaucoup plus rares. À la fin de l'année, l'une d'entre elles fut tuée par son amant qu'elle voulait quitter, télescopage d'enfance et d'âge adulte, et il me sembla que tout était décidément opaque.

6

En 1980, Milan Kundera a déclaré dans un entretien avec Philip Roth pour la *New York Times Book Review* que son dernier roman, *Le Livre du rire et de l'oubli*, était la rencontre de deux mondes. Son pays natal, nommé alors Tchécoslovaquie (l'auteur parle de la Bohême) qui, « en l'espace d'un demi-siècle [...] a connu la démocratie, le fascisme, la révolution, la terreur du stalinisme, la désintégration du stalinisme, l'occupation allemande, russe, les déportations de masse, puis la mort de l'Occident sur son propre terrain ». Et la France : « Centre du monde pendant des siècles, qui souffre aujourd'hui de l'absence de grands événements historiques. C'est la raison pour laquelle elle se délecte à prendre des options idéologiques extrêmes, où se lit l'espoir lyrique et névrotique d'accomplir un grand dessein, qui ne vient pas, cependant, et ne viendra jamais. »

Kundera n'est pas prophète et cet entretien sur lequel plane l'ombre de la domination communiste, l'écrivain craignant même que la culture de son pays ne soit totalement absorbée par la civilisation russe, appartient à son époque et se voit sur plusieurs points contredit par l'Histoire. Mais outre que l'aspiration au totalitarisme, sa fascination profonde pour la mort, la violence, l'autodestruction sous les oripeaux du meilleur des mondes, reste le grand mystère de notre continent, et qu'en somme, sous des formes diverses, l'histoire de mes familles maternelle et paternelle, comme pour toute famille européenne, en est inséparable, cette analyse de la France, venant d'un amoureux de notre pays, m'a toujours marqué. Lorsque Kundera parle de lyrisme, ce n'est jamais rassurant. Et il évoque en effet un peu plus loin la proximité du rêve et du totalitarisme, qui n'est jamais à l'origine qu'un « rêve de paradis », ainsi que la figure d'Éluard chantant la fraternité, la paix et la justice tout en abandonnant à l'exécution, l'approuvant même hautement, son ami praguois Kalandra, condamné par les staliniens en 1950, et succombant ainsi à la « poésie du totalitarisme », celle qui, ivre de lyrisme, célèbre un merveilleux avenir en abattant les hommes.

Au début des années 1980, la France était encore tentée par des idéologies extrêmes qui n'ont d'ailleurs jamais disparu de notre pays, prompt à l'utopie et aux rêves d'une autre réalité, souffrant dans sa chair de ne pas aimer le monde tel qu'il est, mais s'il est un groupe qui les incarna de façon radicale, ce fut bien Action directe.

Ce groupe était composé de Jean-Marc Rouillan, Joëlle Aubron, Nathalie Ménigon, Georges Cipriani. On peut aussi compter Régis Schleicher, arrêté en 1984, donc trois ans avant le reste de la bande et quelques autres, comme Hamami ou les frères Halfen, suivant les opérations, puisqu'un groupe terroriste s'entoure forcément de complicités variables et plus ou moins fidèles. Autour du noyau AD, on a pu parler d'une centaine de sympathisants.

Les archives de l'INA proposent plusieurs vidéos de l'époque dont le ton ne me semble pas convenir, à tort ou à raison, à ce qu'était Action directe. Sur l'un d'entre eux, un ton dramatique surjoue la menace — bien entendu réelle — du groupe, en en faisant trop sur les dangereux terroristes, un peu comme un ouvrage que j'ai consulté, *La Longue traque d'Action directe*, enquête très riche par ailleurs, écrite quelques mois après l'arrestation des principaux membres d'AD et envisageant avec complaisance les nébuleuses terroristes se rassemblant de toutes parts en Europe pour fondre sur nous, dans un souci de dramatisation qui sonne faux.

Un tout autre ton m'est proposé par une avocate que je rencontre — vainement — pour obtenir un document juridique sur leur procès. Elle me parle très aimablement, évoque avec réticence l'antiterrorisme de cette époque, m'affirme la difficulté d'obtenir tout document officiel sur Action directe et se dit elle-même surprise par les assassinats de ceux qu'elle a croisés avant 1986 et qu'elle appelle alors des «branleurs».

De ce grand écart des interprétations, même si j'ai tendance à davantage croire une personne qui les a vraiment connus, on pourra se contenter de conclure, avec un peu trop de facilité, aux facettes multiples des êtres. Et il est vrai que j'ai pu rencontrer assez souvent en banlieue, où j'enseignais, de parfaits *branleurs*, pour reprendre les mots de mon avocate, qui se sont révélés de véritables brutes en d'autres situations. Le mal se déchiffre difficilement et surtout j'ai l'impression qu'il se loge partout et nulle part, mêlé parfois de sympathie, de générosité même, de ridicule aussi, apparaissant soudain par une trouée, une crise, de façon imprévisible. Les membres d'AD sont clairement des assassins, cela n'exclut pas un côté par ailleurs bon enfant dans les squats, ou des plaisanteries de branleurs. Ils avaient par exemple réalisé un pastiche de *France-Soir* vraiment drôle où l'on voyait en une, sous le titre «Deux chefs terroristes sont toujours en liberté», deux photos de Gaston Defferre, ministre de l'Intérieur, et de Robert Broussard, commissaire principal notamment célèbre pour avoir arrêté Mesrine (que Rouillan avait connu à la Santé). Et dans un autre pastiche, montrant Le Pen, Broussard, Franceschi, Defferre, ils ont cette phrase : «PRUDENCE : malgré leur aspect grotesque, ces individus sont dangereux.»

Cela dit, j'ai tout de même voulu cerner plus exactement leurs personnalités et il faut bien avouer que pour des branleurs, ils sont tout de même assez excités.

Jean-Marc Rouillan, d'abord. Âgé de seize ans en 1968, il correspond exactement aux affirmations de Thierry selon lesquelles le gauchisme radical est venu des cadets qui n'ont pu participer de façon active à mai 68. Lycéen à Toulouse, puis renvoyé, les vertus de la géographie le font s'engager dans la lutte anti-franquiste dès 1970, ce qui, en somme, est plutôt un titre de gloire (mon cher Semprún est devenu héros et ministre en récompense de sa lutte contre Franco), mais le lance dans une spirale armée qui ne s'arrêtera jamais. Vie clandestine, stocks d'armes, attentats, hold-up de banque, il apprend tout durant ses années en Espagne. Et cela bien qu'il soit devenu père de famille. Arrêté, il s'évade de la prison de Barcelone tandis que le chef de son mouvement, Puig Antich, est exécuté par Franco, exécution à la suite de laquelle Rouillan crée les GARI (groupes d'action révolutionnaire internationalistes), se lance dans des attentats contre les intérêts espagnols en Belgique et en France, est de nouveau arrêté en 1974, cette fois en France, et emprisonné pour trois ans à la prison de la Santé, avant de reprendre le combat aux côtés d'une nouvelle venue, Nathalie Ménigon, délaissant l'Espagne pour une série d'attentats à l'explosif (au moins une quinzaine) contre les ministères, les organismes officiels français. La jeune femme vient, quant à elle, d'un milieu pauvre mais elle a été élevée dans des écoles catholiques, en compagnie d'élèves bourgeoises. Ces notations, comme d'habitude, n'expliquent rien — à chacun son destin, surtout lorsqu'il s'agit d'une révolte meurtrière — et

178

tout déterminisme est répugnant, mais naître pauvre au milieu des riches est rarement la meilleure situation : les lois sociales s'y déchiffrent trop vite. Elle devient ensuite employée de banque, très bien notée, tout en se radicalisant politiquement, renvoyée de la CFDT pour gauchisme, fréquentant les groupes autonomes et puis toujours par cette histoire de fil et d'aiguille, faisant la connaissance de Rouillan.

En 1980, tous deux sont rattrapés par la police à la suite d'un coup monté par les Renseignements généraux. Un indicateur, Gabriel Chahine, leur a proposé de rencontrer le terroriste Carlos afin de préparer un énorme attentat contre le barrage d'Assouan en Égypte. En réalité, dans ce qu'on appelle la souricière de la rue Pergolèse, ils ne rencontrèrent que la police. Rouillan est arrêté sans coup férir, Nathalie Ménigon vide son arme sur les policiers en hurlant, indique un reportage, «Je suis Action directe», revendication pour le moins étrange, entre orgueil démesuré et provocation. Mis en prison, ils sont relâchés par la loi d'amnistie de 1981. Alors commence une existence libre, officielle, où Rouillan explique son projet à France Inter : «Nous voulons une société communiste, comme tout prolétaire conscient de son identité de classe, c'est-à-dire la destruction de la société capitaliste basée sur les rapports marchands et le salariat. Et nous pensons que la fin de l'exploitation de l'homme par l'homme passe par la destruction de cette société.» Dans le squat où ils sont installés, un grand drap sur lequel est inscrit le nom «Action directe» signale le groupe aux yeux de tous. C'est-à-dire qu'au moment où Élise et Renaud commencent à les rencontrer, ils font partie de cette mouvance des squats, de l'extrême gauche, de la pensée militante contre les prisons aussi qui unit beaucoup de gens à l'époque, à commencer par Michel Foucault. Ils ont une existence officielle et légale.

Toutefois, ce qu'Élise et Renaud, je suppose, ne savaient pas, c'est qu'AD était déjà un groupe meurtrier. En les relâchant, la justice condamnait l'indicateur Chahine, dont la responsabilité est révélée à Rouillan et Ménigon, par une indiscrétion, semble-t-il, d'un inspecteur des Renseignements généraux détaché à l'Élysée. D'après un article de *Libération*, l'Élysée aurait alors lâché le nom de Chahine en échange de l'arrêt des attentats — pauvre type ouvrant la porte de son atelier de peintre à un postier qui l'exécuta de deux balles dans la poitrine.

Manque Joëlle Aubron, dont on ne croise alors que rarement le nom. On la retrouve en fait dès 1980 aux côtés d'Action directe à des occasions presque anodines, une manifestation, un verre pris avec Régis Schleicher, autre membre d'AD, on l'a vu, très jeune homme de dix-huit ans déjà obsédé par les armes et les braquages. «Surveille tes fréquentations.» Joëlle Aubron est quant à elle issue d'une famille bourgeoise, une vraie, habitant Neuilly, possédant un château en Normandie. Qui expliquera sa haine? Sans doute déteste-t-on encore davantage son propre milieu lorsque son ennemi devient soi-même, lorsque dans la haine des riches se loge celle de sa famille, de sa pensée, de ses habitudes. Il n'y a plus de limite alors à la haine de l'autre, on abat les êtres comme des chiens. Mais tout de même, comment expliquer cette lente et progressive montée de la haine et du mépris, à partir d'une enfant avalant goulûment tous les codes, les plaisirs et les caractéristiques de son milieu, comme tout enfant, puis s'en détachant, critiquant et finissant par hurler son refus. À partir de quel âge? Pourquoi? Il n'y a pas là de fil et d'aiguille, pas de fréquentations. Joëlle Aubron, née la même année qu'Élise, a certes raté son bac, erré de-ci de-là, traîné dans les squats, rencontré des autonomes puis AD, dans une progression régulière en somme, mais il n'y a là aucun hasard de la vie : c'est bien contre son milieu qu'elle a fait tout cela. Je repense à la phrase de Michel : « Chez certains, comme Joëlle Aubron, la haine de leur classe sociale mêlée à des problèmes personnels les animait d'une rage plus forte que celle des révolutionnaires mexicains. »

Une photo de Joëlle Aubron : souriante, une jolie jeune femme aux taches de rousseur, une cigarette entre les doigts. Rien de son destin n'est imaginable.

Deuxième photo : une femme au visage enroulé d'un keffieh rouge dissimulant sa calvitie après les chimiothérapies, des lunettes fumées, des dents mauvaises. Âgée d'à peine plus de quarante ans, elle en paraît soixante. Si un membre d'AD laisse l'impression d'une autodestruction, c'est bien Joëlle Aubron, comme si sa rage et son destin avaient ruiné ses traits, détruit son apparence, rongé sa peau et son être. Et quels que soient ses actes, on ne peut s'empêcher d'éprouver de la pitié pour cet incompréhensible itinéraire du malheur, détruisant, assassinant, mais aussi se tuant elle-même à petit feu.

En 1982, elle est arrêtée pour la première fois et condamnée à quatre ans de prison, dont deux avec sursis, pour possession d'armes, faux papiers, gilet pare-balles au fond d'un box de parking. Elle passe son bac en prison.

Quant à Cipriani, moins connu que les autres, une phrase, énoncée dans une interview de 2004, me semble caractériser sa pensée : « On ne se réalise que dans la décision de s'abolir de sa condition. » Ouvrier chez Renault au moment de l'assassinat de Pierre Overney, membre actif du comité de base, il est licencié pour son soutien aux maos qui ont enlevé le cadre Nogrette en représailles de la mort d'Overney, *et s'abolit de sa condition* en partant en Allemagne mener une existence précaire et politique, une existence d'opposant à la société bourgeoise, ne rentrant en France au début des années 1980 que pour rejoindre Action directe.

Voilà le groupe Action directe avant les assassinats. Pas tout à fait des branleurs donc. Autant je suis sûr que l'approche de certains reportages ne correspond pas à ce qu'ils étaient, parce que la dramatisation est toujours une forme d'héroïsation, et qu'à mythifier les criminels de guerre, les gangsters et les terroristes, on ne fait que travestir la vérité plus quelconque, plus humaine mais aussi plus basse du mal, autant il me semble tout de même que parler de « branleurs » ne correspond pas non plus à la vérité. Et cependant, je n'ai aucune raison de douter des propos de cette avocate, dont j'ai plusieurs fois noté la finesse psychologique.

Je n'ai réussi à rassembler ces deux aspects d'AD : les branleurs et les assassins, qu'au bout de quelques mois. Parce qu'il n'y a pas que les attentats, qui ont leur logique idéologique, il y a aussi les actes de gangsters, comme la mort de l'informateur Chahine ou la dispute de Schleicher avec un responsable de squat, à l'issue de laquelle il lui tira une balle dans la gorge (on a évoqué l'existence d'un policier infiltré pour justifier l'acte de Schleicher : en l'absence d'ouverture des archives, certains faits sont sujets à caution). Et puis j'ai songé à des propos de Michel, sur le romanesque illusoire des squatteurs, de Thierry, sur leur imitation de la révolution, d'Élise aussi sur la période à venir. Et j'ai lu le livre de Rouillan, *Infinitif présent*. Et il m'a semblé comprendre : les terroristes *jouaient* la révolution. Emportés par la dramatisation dans laquelle ils se drapaient, ils jouaient aux révolutionnaires, comme sans doute beaucoup de révolutionnaires isolés, n'incarnant que leur propre imaginaire de la révolte et non la volonté d'un peuple. C'était un rôle et ils ne s'en rendaient pas compte, parce qu'ils y adhéraient pleinement, acteurs d'un film qu'ils avaient choisi et qui pourtant les dominait, avec une part de liberté sensible au début puis annulée avec le passage des années et la montée aux extrêmes, jusqu'aux crimes.

Je ne l'ai compris pleinement qu'avec la lecture d'*Infinitif présent*, écrit en 2010. Ce récit assez étrange, publié par une maison d'édition reconnue, La Différence (je m'attendais à une minuscule maison d'édition d'extrême gauche perdue dans la montagne), est barré de blancs innombrables, qu'explique un avertissement, au début : «En accord avec ses éditeurs et agents, l'auteur a rendu invisibles les récits des actions relatives à la période 1981-1987.» Bref, la période qui m'intéressait. J'ai rapidement lu cet ouvrage annoncé comme un grand livre, qui n'en est pas du tout un mais qui n'est pas non plus sans intérêt, malgré les blancs. Agacé au début par une certaine complaisance, inévitable dans ce genre de récit, par les blancs, je n'en ai pas moins annoté de nombreux passages. Et je suis frappé par certains aspects. Par l'internationalisation des terrorismes. Les groupes armés sont en effet en contact assez étroit et Rouillan se souvient avec émotion d'Ulrike Meinhof — il désigne tous les membres de la première RAF par leurs prénoms. Par le mélange de vie quotidienne et d'attentats, de braquages : une description de Joëlle Aubron nue, presque adolescente dans son sommeil, le souvenir d'éclats de rire pendant une action. Par les lectures de Rouillan : Apollinaire, Flaubert, Aragon, Genet, Platon. Par un épisode avec Roland Barthes, dont il est voisin, qui lui propose de prendre un verre chez lui, tandis qu'il dit avoir beaucoup aimé *Fragments d'un discours amoureux*. Par quelques maximes aussi : «Avec le capital, tout devient marchandise et spectacle.» Par une phrase de moi, écrite en marge au crayon à papier et qui me stupéfie : «Est-ce qu'on n'est pas plus proche d'un terroriste qui aime Rodin que d'un banquier qui joue aux jeux vidéo?» Phrase stupide et atterrante qui montre que j'ai fini par succomber au numéro Rouillan (et que je déteste les jeux vidéo).

De cette lecture surgit une réminiscence trouble, une impression sur laquelle je suis revenu plusieurs jours pour la comprendre. Le vague souvenir d'un homme qui s'agitait, le front couvert de sueur, affolé. Qui était cet homme? Il était comme aux marges de mon esprit, sans traits particuliers, dilué dans un sentiment incertain. Je cherchais. Soudain, je me suis souvenu : il s'agissait d'un film que j'avais vu, avec un homme qui combattait des ennemis imaginaires que sa folie lui représentait. Il se croyait policier, il était en fait interné dans un asile psychiatrique. Il pensait enquêter sur un meurtre, c'était sa propre folie meurtrière qui l'avait conduit à l'asile. Il se débattait contre des ennemis, c'étaient des infirmiers et des médecins qui tentaient de le traiter. Malgré moi peut-être, malgré la séduction opérée par Rouillan, le livre s'était transformé ainsi : l'histoire d'un fou qui se débattait dans sa folie.

Rouillan menait un combat de *résistant* contre *l'impérialisme*. Il avait eu une *enfance anti-fasciste, les juges, journalistes, policiers, petits patrons allemands* qui condamnaient *la RAF* étaient des *anciens nazis*, il menait une *révolution internationale* contre *l'oppression, le capital, les fascismes*.

Ces mots étaient son univers, sa réalité hantée, avec ces mots qui flashaient tout d'un coup dans le ciel, néons illuminés. Il saisissait son arme et il tirait, affolé, frénétique, sur les visages-mots. *Capital. Fascisme.* Et ensuite, il disait que les autres mentaient et se mentaient, tous ceux qui les avaient abandonnés, qui ne s'avouaient plus la réalité du monde, celle de l'impérialisme. Ceux-là disaient qu'ils s'étaient trompés, que c'étaient des utopies, des illusions, des conneries, ils se reniaient et niaient la vérité. Tous ceux qui n'étaient pas dans la résistance étaient des fascistes ou des menteurs. Lui, Rouillan, il voyait clair ; il savait la vérité, il voyait bien le complot de l'impérialisme, des Américains et de leurs alliés occidentaux. Il s'était engagé à poursuivre la lutte et seuls méritaient d'être pleurés les martyrs de la cause, les innocents tués ou emprisonnés par les fascismes : Andreas, Ulrike, Joëlle et quelques autres. Il fallait lutter

185

contre la propagande, contre leur sirupeuse propagande de salauds, avec leurs émissions de télé, leur guimauve cinématographique. La lutte continuait. Et il courait, tirait, le front couvert de sueur, affolé.

Et si Rouillan n'était pas fou, ou du moins enfermé dans le mirage de ses rôles de résistant dans une troisième guerre mondiale, alors c'était moi qui l'étais. Et nous tous nous l'étions. À la relecture, tandis qu'il racontait certains épisodes qui mettaient en valeur son sang-froid, sa lucidité mais aussi sa bonté, comme un héros de western, c'était ce que, par éclairs, je me disais : « Ou cet homme est fou, ou c'est moi qui le suis. Parce qu'il croit vraiment à ce qu'il dit. » Et il me semble qu'en effet, il arrive un moment où il n'est plus de rôle et plus de masque : on devient le masque qu'on a porté. À force de jouer les révolutionnaires dans un monde qui ne l'était plus du tout, et qui considérait même cette idée avec dégoût, AD n'a plus été que quelques images fuyantes, tuant et braquant au sein d'une vaste et angoissante illusion.

7

À la maison s'organisaient de grands dîners. À partir de 17 heures environ, le personnel du traiteur, trois ou quatre personnes suivant les occasions, de jeunes serveurs sous l'autorité d'un aîné, arrivait, portant des caisses et des tables. Ma mère leur indiquait l'emplacement pour installer la grande table, dans la première partie du salon. Puis ils sortaient des caisses les assiettes et les couverts, couvraient la table d'une grande nappe immaculée et ornaient l'ensemble de blanc et d'or. Les bouteilles de champagne étaient rangées au frais, l'eau, les bouteilles de vin sur le plan de travail dans la cuisine. Les petits fours étaient disposés sur de grands plateaux dans le réfrigérateur, ainsi que le plateau de fromage. Les serveurs vérifiaient le four, posaient les grands plats — viandes ou poissons — à l'intérieur. Puis ils commençaient à préparer les assiettes d'entrée.

Alors venait un moment où, d'un air gêné, ils demandaient à ma mère une pièce pour s'habiller. Quelques minutes plus tard, ils revenaient en costume noir et chemise blanche, transformés, toujours plus fringants, le dos droit, les épaules relevées, les chaussures brillantes. À ce moment, ils se détendaient un peu, plaisantaient. Puis un moment de tension survenait à 20 h 15 — je les sentais se raidir — lorsque Pierre rentrait, descendant l'escalier, saluant aimablement chacun et recevant de respectueux «Monsieur le Président», avant d'aller inspecter le salon d'un pas rapide. À 20 h 30, les premières sonneries de l'interphone retentissaient, puis les invités se présentaient, au fur et à mesure, sans jamais excéder 20 h 45. Présidents d'entreprise, hauts fonctionnaires (directeurs de cabinet ou conseillers influents de ministères ou de l'Élysée), publicitaires ou journalistes connus, ministres. Une fois un sportif, champion olympique de perche, je ne sais trop pourquoi. Un brouhaha s'échappait bientôt du salon, les serveurs sortaient de la cuisine, des verres de champagne posés sur un plateau, puis revenaient, affairés, lâchant parfois quelques mots sur les petits fours à sortir ou la préparation de la viande. À un moment, le brouhaha se faisait moins net, les invités s'asseyaient, placés par ma mère, toujours très attentive au plan de table, qu'elle préparait un peu à l'avance. Les serveurs lançaient alors les entrées, trois ou quatre assiettes dans les mains, puis revenaient, attentifs, le plus âgé d'entre eux ne servant généralement qu'une fois, surveillant les cuissons et les préparations, organisant le ballet. Parfois, ma mère entrait dans la cuisine et posait une question.

Je sentais la tension retomber au moment du dessert, lorsque tout s'était bien passé, que le plat principal avait été bien accueilli et les desserts portés à table. Alors, dans l'atmosphère plus engourdie des fins de repas, lorsque l'heure avançait et qu'il allait falloir proposer des cafés puis des alcools forts, tandis que les cigares émergeraient de la boîte de beau bois sombre qui les enfermait, une certaine satisfaction se répandait dans l'équipe, quelques plaisanteries fusaient, on voyait qu'ils étaient contents.

Le dîner allait s'alanguir, les fumées des cigares libéreraient leurs volutes, tandis que l'alcool tournerait dans les petits verres épais, et une grande amitié, née des estomacs lourds et d'une légère ivresse, lierait chacun des convives.

Les serveurs commençaient alors à ranger, doucement, pour ne pas éveiller l'attention par leurs bruits. Ils replaçaient les assiettes, les couverts et les verres, lavés entre-temps par la machine, dans les caisses, nettoyaient à la main ce qui devait l'être.

Les hommes se laissaient aller au fond des canapés, les femmes souvent un peu plus droites, plus attentives à leur attitude. On plaisantait, on riait, on faisait des

188

commentaires sur le gouvernement. Le conseiller du président de la République observait une légère réserve. Les alcools étaient bons, tout le monde avait bien mangé et ils étaient heureux. Ils étaient les puissants de la terre et ils s'aimaient.

Venait un moment où l'un d'entre eux se levait, remerciait, ce qui donnait le signal du départ. Alors chacun partait et pour les serveurs, dont l'activité s'était ralentie, parfois même arrêtée, eux-mêmes fumant ou prenant un petit verre de vin tout en discutant mollement, c'était la fin de soirée. Au départ du dernier invité, ils débarrassaient la table du salon, la repliaient et commençaient à remonter l'escalier avec les caisses. Et lorsqu'ils avaient tout remis dans le camion, ils venaient saluer, toujours un peu gauches mais contents.

« Monsieur le Président.

— Madame Eelsen. »

Et on les remerciait chaudement pour leur travail. Et tout le monde était content. Et moi j'étais content que tout le monde soit content.

8

Qu'est-ce qu'un milieu social ? Une pénétration irrésistible de l'être par mille détails, mille conceptions du monde, mille pressions inconscientes qui nourrissent, forment, sanglent, enserrent, étranglent, pour le meilleur et pour le pire.

9

Thierry n'avait pas suivi sa sœur. Peut-être l'aurait-il fait tant la fin de ses certitudes avait brouillé sa vie, mais un événement allait en changer le cours : il trouva un travail au journal *Libération*. Il n'y avait évidemment aucun hasard à cela. Thierry était l'homme parfait pour un journal né du gauchisme en 1973, entreprise au début utopiste fondée notamment par Sartre, entouré de jeunes gens comme Benny Lévy ou Philippe Gavi (photo montrant l'équipe du journal, cheveux longs, corps maigres, inénarrables sous-pulls collants ou chemises à fleur, Serge July déjà au centre, visage brutal, cheveux raides et très noirs, lunettes épaisses), rassemblement brinquebalant de sensibilités diverses, monté à grand renfort de souscriptions étiques, d'héritages écornés, promis cent fois à la faillite, alignant les numéros ni faits ni à faire, s'engueulant chaque jour et puis se consolidant peu à peu, tandis que les plus excités et les plus utopistes — Sartre malade s'éloigne vite — sont mis sur la touche, au profit des nouveaux venus et des plus convaincants, bâtissant à la longue un journal qui commence à compter, tandis que par ces mouvements propres à toute communauté un chef finit par s'imposer, à force d'obstination, d'autorité, d'habileté aussi : Serge July. Au moment où Thierry entre au journal comme secrétaire de rédaction, la rupture avec le gauchisme est consommée et ce qu'il m'explique très tranquillement et presque avec bonheur, comme si une sérénité nouvelle s'était alors emparée de lui, c'est que pour lui comme pour le journal, il a fallu assumer intellectuellement la fin du gauchisme. Et ce poids qui l'a écrasé durant des années, cette impossibilité d'échapper à ce qui l'avait construit comme de poursuivre ce qu'il avait été, voilà qu'il s'envole dans le ciel du journalisme. Il apprécie son métier qui consiste à réécrire les papiers des journalistes, à les couper pour qu'ils entrent dans la maquette, et le journal marche bien, battant des records de vente toutes les semaines. Il échappe à la misère morale et économique qui était devenue la sienne (d'autant que tout le monde gagne le même salaire au journal, y compris son directeur), on estime ses compétences, il passe chef d'édition puis rédacteur en chef chargé de l'édition, jusqu'au moment où, au-dessous de July, il fait partie des trois rédacteurs en chef du journal.

Cela ne s'est pas fait tout de suite et je récapitule toute sa carrière au journal, environ dix ans. Mais en somme, ce qu'on disait de lui, ce que sa famille espérait de lui, on peut estimer qu'il l'a accompli à ce moment de sa vie. Son père le voyait dirigeant d'entreprise, il ne l'a pas été mais il a fait partie de la direction d'un journal influent, qui a incarné un mouvement de pensée et un style dans le journalisme français. Thierry me dit lui-même que ce furent des années intéressantes et quand je relis mes notes sur la charnière des années 1970-1980, années obscures de son existence, il est évident que sa vie a été transformée par son arrivée au journal. Il s'était perdu durant des années à la sécurité sociale, établi sans mission et sans espoir, il avait erré dans les méandres limoneux du gauchisme et les impasses de la révolution, et voilà qu'il avait trouvé à la fois un emploi qui lui plaisait et une façon de liquider son passé.

191

Sa sœur et son beau-frère empruntaient une autre voie, bifurcation au début parallèle puis de plus en plus éloignée. Ils avaient partagé la même route, avaient connu les mêmes idées, les mêmes personnes. Ils avaient eu les mêmes tentations radicales. Et pourtant, leurs voies s'écartaient. Il me semble que le choix a été purement intellectuel. Cela ne s'est pas décanté aisément, les trajectoires ont pu se croiser, l'entrée à *Libération* n'était en rien une séparation (le grand frère journaliste, la petite sœur enseignante, cas de figure très courant) mais en fait, même si personne peut-être ne se l'avouait franchement, le choix était fait : Élise croyait à la révolution, Thierry n'y croyait plus. Et lorsque Élise parle de cette période, c'est avec détermination et même avec une certaine gaieté tandis que le doute menace chaque phrase de Thierry, même en évoquant sa réussite à *Libération.* S'être trompé si longtemps — c'est du moins sa vision — mine son passé entier, peut-être son existence. Élise y a cru jusqu'au bout, jusqu'à la prison, sans doute est-elle encore, à sa façon paisible, une militante, cela lui donne sa force.

En tout cas, c'est comme ça que ça s'est fait : elle soutenait les Italiens, elle les hébergeait, elle traduisait les textes, elle était éditorialiste à *L'Internationale,* elle a accepté des textes d'Action directe et même si elle m'affirme avoir été en désaccord avec ces revendications d'action violente, elle les a publiés. Tout cela a bien sûr attiré l'attention des renseignements généraux. Des policiers la suivaient. Elle vivait dans un studio sordide avec Renaud et un copain italien. Elle retrouvait ses amis dans les squats, tout en estimant qu'ils passaient trop de temps à survivre, à se disputer, à se mettre des flingues sous la gorge et à faire des hold-up. Ils auraient mieux fait de s'occuper de politique. Bref, elle était au cœur de ce milieu. Et ce n'était pas bon. Et quand ils se sont mis à fabriquer des faux papiers, pour les Italiens puis pour AD, ça n'a plus été bon du tout.

Les parents sentaient monter la catastrophe, surtout Christian. Il se disputait sans cesse avec Élise, il avait peur de son influence sur sa petite sœur Karine, et il lui interdisait même souvent sa maison, sachant que les policiers étaient derrière elle. Il y avait eu un cambriolage chez Sarah, partie à la campagne, auquel Christian ne croyait pas du tout, notamment parce que lors du dépôt de plainte, même le maire s'était déplacé. Christian était d'avis que c'était une mise en scène et que la police recherchait AD. Paisible militant de la révolution, il n'avait pas prévu que quinze ans plus tard, sa gentille petite fille, son intelligente Élise, l'apporterait dans sa vie, à un moment où plus personne en France, à l'exception de quelques illuminés, ne s'y intéressait.

« Tu es folle, avec ces faux papiers. Tu te rends compte de ce que tu fais?

— Je fais ce que faisait grand-père. Je fais la même chose que lui dans les Cévennes. »

C'est à ce moment qu'elle avait prononcé ces mots. Il n'a jamais oublié cette phrase.

Il savait que cela allait arriver. Il ne savait pas comment mais il redoutait la catastrophe, il voulait qu'Élise arrête tout cela. Et sans doute se sentait-il coupable d'avoir lancé, voilà bien longtemps, ce mouvement, avec sa femme, d'avoir amené les enfants aux manifestations,

193

d'avoir parlé de la révolution et de les avoir entraînés dans une existence où l'un passerait dix ans de sa vie au plus bas niveau de la sécurité sociale, où l'autre deviendrait ouvrier, où la troisième se verrait longtemps marginalisée. Seule Karine, devenue maquettiste chez Gallimard, échapperait à toute emprise du rêve révolutionnaire.

D'autant qu'AD devenait incontrôlable, mettant les polices sur les dents. Alors qu'en 1982 Rouillan parlait de reddition, il était désormais en fuite, approfondissant son alliance avec les Brigades rouges et la RAF, notamment grâce à Cipriani (RAF) et Schleicher (Brigades rouges), tandis qu'Aubron, sortie de prison, établissait des liens avec le FLNC corse. En mai 1983, quatre agents de police, croisant deux hommes lourdement chargés, leur trouvèrent l'air suspect et se mirent à les suivre. Alors qu'ils étaient sur le point de les interpeller, on leur tira dessus du trottoir d'en face. Deux policiers moururent sur le coup. Les membres d'AD impliqués étaient Schleicher, accompagné d'Hamami, de l'Italienne Gloria Argano et des deux frères Halfen, et ils allaient attaquer une banque. Suivirent attentats à la bombe, braquages de banque.

Il fallait détruire AD. Tout était bon pour les retrouver.

En décembre 1984, au moment où elle va monter dans sa voiture, Élise est entourée de plusieurs hommes, dont l'un lui met son pistolet sur la tempe. Ensuite, ils grimpent en silence l'escalier de l'immeuble. Arrivés au palier de l'appartement, elle est frappée, pour qu'elle se taise. Renaud est arrêté, les policiers détruisent le logement pendant la perquisition.

Le couple est mis en prison.

Dans le même temps, l'appartement de Karine, où sa sœur dormait parfois, est également fouillé. On y trouve des faux papiers. Karine est aussi jetée en prison.

IV

La fortune des Macquart

1

Une fête comptait plus que tout pour ma grand-mère : Noël. Interdiction de manquer le dîner familial, qui s'organisait chez elle, chez mon oncle et ma tante ou chez nous, à Paris.

Regardez-nous. Nous sommes dans le salon. Nous, les pauvres Macquart d'autrefois. Admirez notre prospérité. La pièce, vaste, lumineuse, meublée superbement (d'un goût certes un peu massif), donne sur un beau jardin. Nous sommes au centre de Paris mais il n'y a aucun bruit, à l'exception du pépiement des oiseaux. Contre la fenêtre se dresse un grand sapin de Noël, chamarré de guirlandes et de boules. Nous sommes assis sur les trois canapés. Canapé du fond, contre la fenêtre : grand-mère et la mère de mon beau-père, Pierre, les deux vieilles femmes. À côté d'elles mon cousin Arnaud, désormais adolescent, les yeux un peu dans le vague. Canapé de droite : David, ma tante Jacqueline et moi. J'ai un verre de champagne à la main, je suis devenu très grand, efflanqué, David, moins grand mais plus costaud, a posé sa coupe et ma tante ne boit jamais d'alcool. Sur le canapé au centre de la pièce, le plus grand, sont assis ma mère et son frère, Jean-Pierre, à côté de sa femme Martine. Ma mère tient sa coupe de champagne, un sourire figé sur les lèvres. Pierre se tient debout à gauche de la pièce, une coupe dans la main gauche, un petit-four dans la main droite. Par terre jouent Julien et Anne-Laure, le plus jeune enfant de mon oncle et ma tante. Mon frère a encore la blondeur de l'enfance, le teint pâle d'un petit Lord Fauntleroy, Anne-Laure est une mince petite fille avec des taches de rousseur et des cheveux bruns.

Manque Geneviève, qui passe son Noël avec ses deux filles dans le Sud, où elle s'est installée et d'où elle ne remonte que rarement. Tout va mieux pour elle. Depuis sa tentative de suicide, elle a retrouvé un emploi et un équilibre. Elle travaille comme secrétaire d'assurances, métier qu'elle a vite assimilé, à Saint-Laurent-du-Var, sa fille Marie-Christine a fini ses études de droit et a été engagée comme juriste dans un cabinet d'avocats tandis que son autre fille, Isabelle, est à l'université. La vie est plus douce.

Manque aussi Gilbert, le frère aîné, dont la vie s'est écartée de nous depuis longtemps, même s'il est présent pour les grandes occasions.

Regardez-nous. Nous avons tous les âges de la vie, toutes les apparences. Nous sommes une famille.

Les Meslé sont magnifiques. Un nez leur tient lieu d'emblème, un nez Meslé qui les rassemble tous et qui est comme la marque du sang, par-delà les veuvages et remariages. Un nez épais, un peu veiné et tumultueux chez les hommes, plus fin mais tout de même bien visible chez les femmes, de même forme au fond. (Je dois sur ce point me singulariser car j'ai le nez paternel, le nez Humbert.)

Tous bien habillés. Costumes, tailleurs ou robes. Les femmes maquillées et parées. Même Julien a des mocassins. Personne n'accepterait des baskets et un jean. Il s'agit de Noël, jour auquel il faut faire honneur. Mon oncle, comme souvent, m'a refait mon nœud de cravate : « Ou bien tu en mets une ou bien tu n'en mets pas. Mais si tu en mets une, le nœud doit être bien fait. » Sa barbe blanchit un peu, il a encore grossi.

Regardez-nous. Nous sommes tous en vie alors. Il est même impossible que nous mourions. La mort, en cette année-là, n'existe pas encore.

Qui sont les puissances de vie dans cette pièce ? Jacqueline, Danièle, Pierre, Martine, Madeleine. Ils ont pour eux l'amour de la vie ou au moins un attachement viscéral à la survie. Pour l'essentiel, des femmes. D'autres sont plus fragiles. Mon oncle, sous sa carcasse gigantesque, est fragile et à cette époque de sa vie, son anxiété lui ôte le sommeil. Après une période de chômage, il a retrouvé un travail, à Air Inter, avec l'aide de mon beau-père. Comme il ne dort pas, il part à cinq heures du matin, avant les embouteillages, pour rejoindre son bureau. Quant aux deux enfants qui jouent et aux deux adolescents, il est difficile de percevoir leur fragilité ou leur résistance, même si l'on dit depuis longtemps que David est un *nerveux, comme son père.* Moi, je commence à comprendre — mais ce n'est que l'ombre d'une intuition, tout en moi se rebelle contre cette prise de conscience, si hostile à

198

mon éducation et à mon être — qu'il ne sera pas évident d'être ministre : le chevalier n'a pas d'armure, le chevalier sent même une sorte de fêlure en lui. C'est monté depuis quelques années. Si j'étais doué de conscience, je pourrais peut-être comprendre pourquoi les choses ne tournent pas rond. Je pourrais comprendre que la plongée dans les rêves est en train de m'asphyxier. Mais comme je suis naïf et jeune, je ne comprends rien, je ne fais que me sentir chaque jour plus mal à l'aise dans le monde.

En ce jour de Noël 1987, je me souviens que je regardais parfois vers la fenêtre. Toutes les silhouettes se découpaient sur le fond noir de la nuit, cibles pour un jeu de pipes, et je pensais distraitement à cet inspecteur de police venu fin novembre proposer une protection rapprochée. Georges Besse avait été tué par Action directe et tous les présidents d'entreprises nationales avaient été contactés pour bénéficier d'une protection. Pierre avait refusé. L'inspecteur, après avoir donné des règles élémentaires de prudence, avait recommandé de ne pas s'approcher des fenêtres. Par ailleurs, il y avait depuis quelque temps un nouveau chauffeur. J'aimais bien l'ancien pourtant, un petit homme qui avait fait partie de l'équipe de France de karaté et qui portait un pistolet dans un holster sous sa veste. Mais entre faire du karaté dans une compétition sportive et être capable d'assurer sérieusement la sécurité d'un homme, il y a un abîme. À une ou deux reprises, le chauffeur avait manqué de sang-froid, notamment parce qu'il n'avait pas su réagir lorsqu'un clochard s'était précipité sur la voiture. Si cela avait été un membre d'AD, tout le monde aurait été tué.

Il fut remplacé par un homme de haute taille aux tempes argentées, d'une politesse parfaite, qui avait, paraît-il, des résultats exceptionnels à tous les tests. Il était toujours très attentif, avec des gestes fluides et précis.

Les lumières du sapin brillaient. Quelque temps encore et, sous le sapin, les enfants iraient chercher leurs cadeaux puis les adolescents et les adultes suivraient, déchirant les emballages et extrayant jouets, livres, disques ou vêtements. Et tout serait pour le mieux.

2

Depuis son arrestation, les Noëls d'Élise se déroulaient en prison.

Il y eut ce premier Noël d'emprisonnement alors que s'élevait un terrible échafaudage de trafic d'armes, de complicité de terrorisme, de complicité de malfaiteurs qui la menaçaient de plusieurs années de prison. Ce qui introduit un autre personnage : le juge Bruguière.

Celui-ci, dans mon souvenir, était lié au terrorisme et j'avoue en avoir plutôt une bonne image. Lorsqu'on tape son nom sur Internet, on s'aperçoit qu'il a instruit toutes les affaires importantes de terrorisme des trente dernières années : attentat de la rue des Rosiers, Action directe, attentats de 1995, DC-10 d'UTA, affaire Carlos, attentat contre l'avion d'Habyarimana, au Rwanda, qui conduisit au massacre des Tutsis, assassinat des moines de Tibhirine, attentat du 11 septembre 2001, attentat de Karachi, attentat de Madrid en 2004. Ajoutons qu'au début de sa carrière, il eut à traiter ce cas étrange et affreux d'un Japonais cannibale, Issei Sagawa, qui assassina à Paris son amie hollandaise et dévora son cadavre, affaire qui eut un rappel récent parce que, revenu dans son pays, il publia un livre quelques années plus tard. Bref, une carrière impressionnante.

Or, dans ma famille, on déteste le juge Bruguière. Tout le monde considère qu'il est allé trop loin avec Élise. Qu'elle fasse de la prison, chacun l'accepte, les faits sont les faits, il y avait bien un trafic de faux papiers et Élise elle-même l'assume. Mais de là à en faire une terroriste…

Et s'il y en a un qui, encore aujourd'hui, le déteste, c'est bien Christian. Notamment à cause de Karine. Christian était allé voir le juge Bruguière, furieux, hors de lui.

«Karine n'a rien fait. Vous savez bien qu'elle n'a rien à voir avec ça. Laissez-la sortir!»

Et il est vrai qu'elle n'avait rien fait et que Bruguière le savait mais il l'avait arrêtée pour faire pression sur sa sœur (tactique assez habituelle en contre-terrorisme, m'a indiqué un avocat pénal : un grand coup de filet pour commencer, le plus large possible, puis on resserre au fur et à mesure). Élise, pourtant à l'isolement, l'avait tout de suite compris, à la suite d'un quiproquo très théâtral. Comme elle sortait de la garde à vue, accompagnée par des policiers, elle était passée à côté d'un salon où des officiels fêtaient son arrestation, avec des bouteilles sur le bar. Ils s'approchent d'elle, la prenant pour Karine, ignorant qu'on avait sorti la terroriste de sa cage de plexiglas, et lui disent :

«On sait que vous n'avez rien fait, ne vous inquiétez

pas. C'est votre sœur qui nous intéresse. Parlez-nous d'elle. »

Mais Karine, évidemment, n'avait rien à dire, ne sachant rien, et Élise n'avait rien déclaré au juge. « J'avais une attitude politique, me dit-elle, devant la police on ne parle pas. »

Seulement, quand elle sortit du bureau du juge, Élise Béral n'était plus elle-même, elle était une terroriste. Elle n'avait pas parlé, elle avait attendu son avocat, et quoi que dise Bruguière, elle n'avait pas répondu. Mais elle était devenue une personne dangereuse. « Moi, la non-violente, la baba-cool, on m'avait mis un masque. Et je ne pouvais plus m'en défaire. » Désormais, elle avait une escorte, elle était à l'isolement, elle ne pouvait rencontrer personne. Même pour les visites, toutes les portes étaient fermées afin que personne ne puisse la croiser. Son statut : DPS (Détenu particulièrement surveillé). Un haut-parleur annonçait ses déplacements, vidant les couloirs de tout autre détenu, ouvrant une par une les grilles successives avant de les refermer. Pour les déplacements au Palais de justice, trois cars de police l'escortaient : elle était seule, menottée, dans l'un des cars, contemplant avec ébahissement sa transformation en terroriste, sans comprendre, d'ailleurs, puisque, coupée du monde, elle ne connaissait pas les crimes d'AD.

Le premier hiver fut très froid. Élise le passa à Fleury-Mérogis, toujours à l'isolement. Des bonnes sœurs, heureusement, apportaient des vêtements et elle garde un très bon souvenir de ces femmes adorables. Karine lui faisait passer des mots dans sa cage de plexiglas : « Karine te fait dire que tout va bien. » Ce n'était pas vrai : la petite sœur était folle de peur. Tout était effrayant, me dit-elle. Elle croyait ne rester que quelques jours mais l'incarcération se prolongea. Elle ne savait plus pour combien de temps, elle s'attendait au pire. Durant la garde à vue, elle avait été interrogée par le juge Bruguière qui lui avait déclaré à l'issue de l'entrevue : «Je vous reverrai. » Tout était effrayant, me répète-t-elle, donc lui aussi. On l'avait enfermée dans une cellule de quatre où l'on était six — surtout des toxicomanes, pour de courtes peines, qui avaient commencé par la haïr parce qu'elle était différente. Et elle attendait.

La famille vécut à ce moment un cauchemar. Ce fut très dur pour les parents, pour Sarah, pour les deux frères, d'autant que Thierry se sentait coupable depuis le début d'avoir entraîné Élise dans sa révolution ratée. Cette sensation d'impuissance. Cette impression d'avoir affaire à un monstre métallique — la Justice, la Prison. Des dents qui se referment. L'impossibilité d'agir, de savoir, la difficulté des recours, comme si une porte sombre s'était refermée sur les enfants.

Au bout d'un mois et demi, Karine fut libérée. Il n'y avait rien contre elle. On essayait vaguement de l'interroger — mais le juge ne l'a jamais revue — sur ses voyages en Italie. Il se trouvait simplement que le secteur de Gallimard où elle était employée comme maquettiste — Gallimard Jeunesse — travaillait avec une imprimerie à Trieste, où elle se rendait au moins une fois par mois, parfois pour une semaine. La police a même posé des questions à la maison d'édition. Pourtant, personne n'en a voulu à Karine et dès le printemps celle-ci était rappelée pour reprendre son travail, dans ce département qu'elle décrit comme à part, première maison d'édition pour la jeunesse, de petite taille à l'époque, avec des profils particuliers, dit-elle, évoquant une danseuse dont elle se souvient.

Mais derrière tout cela, derrière cette normalité qui reprenait, ou semblait reprendre, il y avait la sœur emprisonnée. À Fleury-Mérogis, Élise se trouvait dans un couloir de dix cellules, avec des cours de promenade à peine plus grandes que les cellules mais sans toit. Elle restait énergique encore, persuadée qu'elle serait bientôt libérée. Cependant elle s'inquiéta d'abord beaucoup pour Karine puis pour ses parents. Ensuite, comme les semaines passaient, elle se demanda ce qui allait lui arriver. Après tout, elle était une terroriste. Et si, en effet, on l'inculpait de trafic d'armes et de complicité de malfaiteurs, tout cela pourrait durer très longtemps. Son avocat lui avait déclaré : «Bruguière te voue une haine profonde. » Et de fait, elle sortait épuisée des visites chez le juge, durant lesquelles il fallait se battre sur chaque mot, chaque expression, chaque date, chaque fait.

Lorsqu'on la sortit de l'isolement, elle se retrouva dans une cellule de quatre puis elle commença à faire des rencontres. Et cette femme qui donne l'impression de n'avoir peur de rien utilise ce terme : «terrifiant». Un monde parallèle, avec ses règles, sa sociologie. Elle raconte les cris des toxicomanes. Souvenir d'une fille en manque qui arrive dans sa cellule et qui se met à hurler en s'arrachant les cheveux, en pleine crise de folie, s'écroulant à terre puis se relevant et se précipitant sur Élise. «Un autre univers», répète plusieurs fois Élise.

J'ai du mal à comprendre exactement sa situation, je lui pose des questions. Je ne connais pas Fleury-Mérogis, même si j'ai fait quelques visites en prison, pour des rencontres littéraires souvent proposées aux détenus, et qui sont un moment fort et très dérangeant parce que dans les prisons de longue peine où je suis allé et où les hommes sont enfermés pour des crimes graves, ces êtres qui vous font face sont étrangement proches. On imagine toujours, naïvement, des caïds, des brutes, en tout cas des êtres différents, et voilà que ces prisonniers ont un air ordinaire et vous parlent de votre livre comme dans un salon littéraire, parfois même avec des références savantes, alors même qu'ils ont tué, violé, étranglé. Mais il y a tout de même toujours un moment particulier, qui est la traversée des espaces jusqu'à la bibliothèque : les clefs grincent dans les serrures, les portes claquent dans le dos, on passe des couloirs et des couloirs, et à chaque fois c'est ce même son, cet écho des portes qui se referment.

Élise me parle de ses routines. Un lever tôt, à sept heures, une organisation sévère des journées, pour se raccrocher à un ordre. Le matin, écriture et lecture. Correspondance abondante, notamment avec Sarah, qui envoyait des lettres pleines d'angoisse et de désespoir auxquelles la petite-fille répondait avec tout l'amour et le sérieux dont elle était capable, sachant — une lettre de Sarah à Élise en fait état — combien sa grand-mère y tenait. Textes personnels aussi. Lecture d'auteurs classiques, poèmes et romans qu'elle lit ou relit, ardemment. Jamais elle n'a été plus reconnaissante à la littérature. Lecture de théoriciens politiques : identification à Gramsci, à ses lettres de prison, à Victor Serge.

Elle me parle aussi de moments d'amitié en cellule. Elle a toujours été respectée, dit-elle. Après tout, c'était une politique, elle est intelligente sans être bêcheuse, elle parle bien, je le constate à chaque fois, sans apprêts, avec des familiarités, mais avec une grande vivacité, une vraie éloquence : au fond, elle impressionnait, je pense, c'était une personnalité dans un milieu qui pouvait être violent. Elle évoque une certaine Aïssa, une mère de famille, avec qui elle a partagé une cellule et qu'elle aimait beaucoup pour sa gentillesse. Une petite Arabe également, sortie des souterrains du métro, qui ne parlait pas, mangeait avec les mains, laissait ses règles s'écouler. Elle les regardait. Une enfant sauvage. Beaucoup de fous.

Elle me parle des soins en prison. C'était les débuts du SIDA et il y avait de nombreuses transfusions, elle-même avait donné son sang.

Elle parle de destruction. Un de ses premiers engagements avait été les prisons, dans la lignée du Groupe d'information sur les prisons (GIP) fondé par Foucault. Elle ne pensait sans doute pas s'y retrouver un jour. Mais même lorsqu'elle parle de son expérience, on sent une volonté de théoriser, de réformer. Elle me dit qu'elle n'avait pas été détruite parce qu'elle n'avait pas honte de ses actes. Mais quand il s'agissait de drogue, de vol, de prostitution, la prison détruisait parce qu'on ne pouvait se raccrocher à rien dans son existence. Aucun sens, aucune cause. Une dérive, un enfermement, une destruction. Élise a eu peu de moments d'effondrement. Une fois qu'elle a compris qu'elle ne sortirait pas, elle a commencé à lire, à réfléchir, à établir une distance.

«Le privilège du milieu», dit-elle. Et il me semble que c'est la seule fois qu'elle évoque son milieu bourgeois, même si elle m'a parlé facilement de son grand-père, de l'éducation de Clamart. Là, en toute conscience, elle sait ce qu'il lui a apporté.

Je me tais. Je suis ému. Elle me parle d'un moment où elle a touché sa limite, dit-elle. Elle allait au parloir, elle doit donc être fouillée. On lui ordonne de tousser et d'écarter les fesses. Et là, elle ne peut plus. Pourquoi ce jour-là précisément? Elle l'ignore. Mais elle ne peut plus. Si elle passe cette limite, dit-elle, elle sera détruite. Elle refuse. On la conduit au mitard : à l'isolement, une cage avec des grilles, sans murs, comme toilettes un trou dans le sol, sans eau, un matelas par terre. Ni chaussures ni vêtements, juste une chemise de nuit de détention. Elle reçoit son repas : tout est mélangé dans la même assiette. Pas de couteau ni de fourchette, pour ne pas se suicider. Une cuillère en plastique. Elle mange sa tranche de viande à la main, dans sa cage. Et là, elle pense qu'elle ne pourra pas tenir. Que tout est fini.

Elle a tenu. Sa limite, ce n'était pas d'être une bête dans une cage. Sa limite, c'était le moment où on lui a dit d'écarter les fesses. Elle n'a pas passé la limite et elle n'a pas été détruite.

On l'a transférée de prison en prison. Paris, Châlons, Rouen, Lille, Versailles. La plus difficile, dit-elle, était celle de Lille, mais à Rouen la prison était moyenâgeuse, très vétuste, avec une population vraiment dure, ouvrière, misérable. Celle de Versailles était la plus tranquille.

Une terroriste. Ne pas la laisser en place donc. Mais surtout ce qui explique la durée anormalement longue de l'instruction — le procès n'avait pas eu lieu —, c'est que l'enquête se prolongeait indéfiniment, avec des arrestations nouvelles, et au moment où Action directe a commencé à assassiner, le dossier s'est définitivement alourdi : tout ce qui avait été en contact avec AD, de près ou de loin, était empoisonné.

Noël 1984. Noël 1985. Noël 1986. Au moment où nous ouvrions les cadeaux, voilà ce que vivait Élise.

3

L'idée qui prévalait à l'époque était que AD tuait par ordre alphabétique : Audran, Besse.

Le général René Audran avait été tué devant son domicile de La Celle-Saint-Cloud le 25 janvier 1985. Alors qu'il venait de se garer et qu'il se trouvait encore au volant de sa voiture, on ouvrit sa porte pour lui tirer deux balles dans la tête, six balles dans le corps. Inspecteur général, directeur des affaires internationales au ministère de la Défense, il était notamment chargé des ventes d'armes à l'Irak dans sa guerre contre l'Iran.

AD revendiqua ce meurtre par le message suivant :

> La concrétisation du front révolutionnaire, au sein de la métropole ouest-européenne, est, aujourd'hui, l'expression et un élément de l'avancée prolétarienne globale. (...) Nous avons exécuté Audran, car de par sa fonction il était : articulation principale au ministère de la Défense. (...) Audran par son rôle militaire et économique se situait au cœur

208

du projet stratégique de l'impérialisme dans les centres, au cœur de l'homogénéisation des états européens sous le contrôle de l'OTAN. (...)

LA GUÉRILLA OUEST-EUROPÉENNE ÉBRANLE LE CENTRE IMPERIALISTE !

Commando ELISABETH VAN DICK
ACTION DIRECTE

Le message a pour signature l'étoile d'AD.

Le texte intégral témoigne à la fois de quelques problèmes d'orthographe et d'un sens remarquable de la novlangue. *L'impérialisme dans les centres* est assez fort, de même que l'*élément de l'avancée prolétarienne globale*. Pour tuer, il faut déformer le monde et le premier moyen de le déformer est le langage. Les idéologies sont d'abord des détournements du langage et AD n'y a pas échappé, même si ce n'est en rien réservé à l'extrême gauche.

Quant au nom du commando, il s'agit d'un hommage à un membre de la RAF tué en 1979 par la police, ce qui témoigne aussi du rapprochement d'AD et de la RAF. D'ailleurs, la RAF exécute quelques jours plus tard l'industriel allemand Ernst Zimmermann.

Le message en lui-même nie l'individu Audran, comme dans toute élimination. À chaque fois que j'ai pu étudier de près l'exécution d'un homme ou de plusieurs, les bourreaux en suppriment l'individualité pour le transformer en chose, bête ou fonction. Audran était une fonction, celle d'un haut fonctionnaire de la Défense.

À 18 h 30, une femme avait appelé à son domicile pour demander l'heure de son retour, afin de lui donner un

209

dossier. Sa fille avait répondu qu'il serait à la maison vers 20 h 30 ou 21 heures.

Quoi de plus humain que ce fonctionnaire attendu par sa famille pour dîner ? Il suffit d'appeler chez lui, sa fille donne l'heure pour le tuer.

Georges Besse, président de Renault, fut assassiné le 17 novembre 1986 alors qu'il rentrait chez lui, boulevard Edgar-Quinet, à Paris, dans le XIVe arrondissement, vers 20 heures. Encore un homme qui revient banalement à la maison après une journée de travail, sa serviette à la main. Une jeune femme s'approche, lui jette un coup d'œil et, sans un mot, lui tire une balle à bout portant dans la tête. Trois balles en tout. Deux femmes : Joëlle Aubron et Nathalie Ménigon, l'une pour tuer, l'autre en couverture. Elles repartent en métro, la sacoche en trophée.

La revendication d'AD fut signée cette fois-ci Commando Pierre Overney, en hommage au militant assassiné par un vigile à Renault, des années auparavant, et alors que Besse n'y avait encore jamais mis les pieds. Mort de l'infâme capitaliste Besse, fils d'un réparateur de lignes aux PTT. Dans son livre, Rouillan écrit que Cipriani fut ouvrier chez Renault mais que les journaux trouvaient trop gênant d'en parler : cela rappelait trop la lutte des classes. Toujours le règne de l'abstraction. Transforme un homme en capitaliste et tue-le.

Mais au fond, la lutte des hommes les uns contre les autres est toujours un processus d'abstraction. AD était un groupe de brutes dangereuses mais pour leurs amis, pour les squatteurs, au moins avant les assassinats, je suppose qu'ils étaient des *branleurs sympas*. Audran était pour son administration un *remarquable serviteur de l'État*, AD le tenait pour un *salaud criminel* responsable de centaines de milliers de morts par les ventes d'armes dont il s'occupait. Besse était pour AD un *sale capitaliste exploiteur*, une *pourriture de patron qui venait de licencier des milliers de salariés*, de surcroît président d'une entreprise nucléaire, la Cogema, avant Renault, tandis que ma mère, au nom de Besse, évoque un *gars sympa* qui lui disait qu'il pouvait même lui donner une voiture Renault, si elle voulait, parce que de toute façon l'entreprise vendait à perte sur chaque voiture. Et Pierre a souvent raconté combien l'assassinat, qu'il avait appris en arrivant le soir même au dîner du Siècle, ce cercle de patrons et de personnalités, l'avait saisi. C'était un homme qu'il connaissait, qu'il appréciait, il présidait une entreprise où lui-même avait passé toute sa vie avant Air Inter — tous deux n'ont vu que l'homme, là où AD considérait une fonction. Et même s'il y avait aussi des adhésions dues au milieu en tout cela (la *complicité de classe*), le fait est que pour éliminer un homme, par l'emprisonnement ou par la mort, il faut en passer par l'abstraction, par un processus de négation de la part humaine.

Élise sortant du bureau du juge Bruguière était devenue une *terroriste* alors que les faits, on l'a vu, étaient beaucoup plus banals. Mais il fallait qu'elle soit une fonction afin que la prison l'engloutisse.

Toute mythologie du mal, de la terreur, quelle qu'elle soit, transforme la réalité, toujours plus banale, plus quotidienne, plus normale — et c'est peut-être ce qui est le plus perturbant. AD était beaucoup plus banal qu'on ne l'a dit, et inversement Besse ou Audran n'étaient en rien les *impérialistes* qu'AD se représentait, juste un patron d'entreprise tentant de remettre à flot la Régie Renault, un homme de cinquante-huit ans qui se serait retrouvé quelques années plus tard à la retraite, s'occupant tranquillement de son jardin, et un inspecteur beaucoup moins puissant que ce que ses ennemis imaginaient, parce que tout est infiniment plus banal que les représentations. Élise n'avait rien d'une terroriste, elle avait seulement *mal surveillé ses fréquentations.*

Mais la perversité des mythologies, c'est justement que certains ont besoin d'y croire, y compris pour croire en eux-mêmes, comme certains grands hommes de l'Histoire dont la vie ne semble que l'accomplissement d'une mythologie personnelle.

Si Élise m'a expliqué avec lucidité qu'on lui avait collé un masque, Renaud s'est quant à lui réjoui de ce masque. Lui qui n'avait jamais rien été, qui avait lutté durant tant d'années contre un sentiment d'inexistence, contre l'échec scolaire, professionnel, pour la première fois de sa vie, il trouva un rôle : il était *terroriste.* Il devenait cet homme que des sociétés entières craignent, un *ennemi public.* L'ennemi public n° 1 était Jean-Marc Rouillan mais il avait derrière lui quelques hommes, tout aussi dangereux que lui, dont Renaud B. *Un révolutionnaire, un terroriste, un ennemi de la société.* Comment ne pas se trouver un rôle ? Devant sa famille, Renaud avait été l'intellectuel, l'insurgé. Maigre public. La Justice le statufiait en terroriste, dans une cage qui l'isolait du reste du monde et qui faisait de lui un ennemi, et donc un homme vivant. Pas le chômeur professionnel, pas l'incapable. Il faisait partie d'AD, le groupe que la France entière recherchait, que

Mitterrand lui-même avait donné l'ordre d'abattre. Tout le monde le respectait maintenant. En prison, chacun le connaissait, et dans ce monde inversé où beaucoup détestaient la société, vouloir l'abattre lui conférait un grand prestige. Et la brigade antiterroriste se disait qu'elle avait accompli du bon travail et que le filet se resserrait sur AD.

C'est ainsi que chacun s'enfermait dans les rôles, les mensonges d'un monde factice : la vie était un écran de cinéma où chacun se voyait scintiller et imaginait des actes toujours plus atroces pour poursuivre le scintillement. Certains voulaient crever la toile de l'écran d'un coup de couteau : mais comment faire quand chacun croit au film ?

4

Ceux qui étaient restés en dehors du cinéma n'avaient plus que les yeux pour pleurer. Sarah, Michèle, Christian, les trois frères et sœurs. Dans le reste de la famille, c'était la stupéfaction : ma grand-mère, mon oncle Jean-Pierre, ma tante Jacqueline, Geneviève aussi, tous ceux qui avaient partagé les jeux de la Fraternité. Ma mère, plus pragmatique, pensait qu'ils étaient tous tarés : Action directe ! Le groupe terroriste dont la police voulait les protéger et c'était sa propre cousine qui en faisait partie ! On croyait rêver !

C'est une des raisons pour lesquelles la fiction, pour ce livre, me dégoûtait. Pourquoi entrer dans la fiction puisque la vérité était une mauvaise fiction, que même le scénariste le plus roué de Hollywood, le plus mensonger, le plus retors aurait refusée d'un revers de main : « Dans la même famille ? Vous êtes dingue. » Oui, la vie était un feuilleton et même un feuilleton incroyable, mais en réalité, tout s'expliquait de façon assez simple, dans un mouvement où même la Fraternité avait sa part, où la vision utopique trouvait son achèvement. Thierry : « La Fraternité nous avait habitués à la vie collective. Le discours protestant, c'était la rigueur, la volonté d'aller jusqu'au bout des choses, d'assumer ses responsabilités : en fait nous étions prêts à être des militants. »

Il fallait payer tout cela maintenant. L'utopie avait mal tourné. Pour les parents, les visites à Élise étaient douloureuses. Au début, Christian refusait de la voir, tant il lui en voulait d'avoir rompu avec eux, de les avoir obligés à vivre tout cela. Mais il lui envoyait l'argent pour cantiner (tout se paie en prison), et il payait l'avocat, comme les frères et sœur d'ailleurs. Et puis il a fini par accompagner Michèle. Ils se rendaient chaque semaine à la prison, le mercredi ou le samedi, même lorsque celle-ci se trouvait à des centaines de kilomètres, pour la demi-heure de visite autorisée. Il fallait qu'ils posent une demi-journée de congé, parfois une journée entière, qu'ils attendent leur tour pendant plusieurs heures, jusqu'à la fouille préalable, tout ça pour trente minutes qui passaient à une rapidité affolante, pour apporter des livres, des pulls, pour régler les problèmes matériels (papiers, procédures...) pour donner des nouvelles de l'extérieur, et notamment de Renaud (que Christian détestait), puisque les *terroristes* n'avaient pas le droit de communiquer. Michèle se montrait très douce, très délicate, sans jamais se plaindre. Elle dissimulait tout, même à ses proches, blessures, reproches, regrets. Elle se taisait. Tout allait toujours bien.

Comme Élise était au secret, elle pouvait être transférée du jour au lendemain. Lorsqu'elle a été conduite à Lille, Michèle n'a pu le savoir. Elle est arrivée à la prison de Rouen, on lui a dit :

« Elle n'est plus là.

— Plus là ? Mais j'avais rendez-vous avec elle. Je viens de Paris pour la voir.

— On n'a pas pu vous prévenir. Pour qu'elle ne s'évade pas. »

En apparence, cela prenait l'aspect machinal de l'habitude, comme lorsqu'on rend visite à un proche à l'hôpital, en lui demandant comment il va, s'il a bien mangé, si les infirmières sont attentives. On sourit, tout va bien. Mais évidemment, ça ne va pas bien.

Élise s'accrochait, c'est vrai. Tout le monde affirme qu'elle est restée dure au mal et courageuse, comme d'habitude. Mais elle était enfermée, on ignorait quand se tiendrait son procès, on ignorait si l'accusation de trafic d'armes serait maintenue, en plus des faux papiers, on savait que le chef d'inculpation d'association de malfaiteurs, s'il était prouvé, la maintiendrait des années en prison, six, sept, huit, neuf ans. D'autant que les attentats d'AD enfonçaient toujours plus les sympathisants. Et puis, même si elle était courageuse, le quotidien de l'enfermement était difficile, et cela les parents le sentaient, dans l'expression du visage, dans l'altération de la voix parfois. C'était leur fille, leur petite fille, elle avait vingt-cinq ans («j'avais vingt-cinq ans quand je suis *tombée»*, dit-elle*)*, vingt-six ans, vingt-sept ans et c'était jeune — mais même si elle avait été plus âgée, elle aurait toujours été leur petite fille, avec sa minceur d'adolescente. C'était une telle inquiétude… Cette souffrance, Élise la comprenait et elle se sentait coupable. Elle savait ce qu'elle avait fait, et elle l'assumait pour elle-même. Mais elle n'assumait pas la souffrance qu'elle infligeait aux autres, d'abord à ses parents mais aussi à Sarah, Karine, Yves, Thierry.

Toujours la prison, année après année, sur des accusations qui relevaient du montage pour Thierry. Il avait essayé de lancer une pétition pour demander sa libération. Quinze personnes avaient signé — que la police avait aussitôt considérées comme des sympathisants d'Action directe — et trois journalistes de *Libération*, parmi lesquels un certain Sorj Chalandon. Ce nom m'étonne, je dis à Thierry que je l'ai croisé à plusieurs reprises, il écrit des romans et il me semble qu'il travaille au *Canard enchaîné*. Thierry me répond qu'il était alors à *Libération* où il suivait l'enquête sur Élise. Un très bon connaisseur du dossier, paraît-il. Quoi qu'il en soit, la pétition était un échec complet, d'autant que le directeur du service politique de *Libération* avait demandé le licenciement immédiat de Renaud, heureusement sans l'obtenir.

Il n'y avait plus qu'à faire les visites régulières. Karine se disant que c'était une bonne chose d'avoir été en prison avec sa sœur (!), pour être plus proche d'elle, pour comprendre, au moins un peu, ce qu'elle éprouvait. Prendre une demi-journée de congé pour lui parler une demi-heure. Thierry et la culpabilité d'aîné. Yves s'y rendant aussi, la famille maintenant le lien, toujours aussi soudée, aussi forte de ce côté-là. Une famille à bien des égards indestructible.

Sarah, quant à elle, était minée par cet emprisonnement. Elle était vieille, elle avait perdu sa boussole à la mort de son mari, et voilà qu'un nouveau deuil l'accablait. Une sorte de promesse de bonheur qui s'éteignait. C'était une femme simple, je l'ai dit, qui avait aimé son mari et sa famille, ainsi que la Fraternité. Et tout cela s'était bien passé. La vie avait été douce et ronde, comme elle, comme sa silhouette tranquille et replète, et puis voilà que ces deux événements, coup sur coup, semblaient annuler tout le bonheur, tout le sens de sa vie. Une mort trop précoce, d'abord, et puis immédiatement des petits-fils qui s'écartaient des modèles de vie bourgeois, apaisés, en lesquels elle croyait et qui avaient décidé de sa vie, bien loin de la classe ouvrière des origines. Et puis soudain, comme un train qui déraille, ces événements insupportables — l'emprisonnement de Karine, d'Élise, la complicité avec un groupe terroriste que chacun haïssait. Elle était impuissante, étouffée, à la fois dépassée et aimante, bouleversée par un sentiment d'injustice et d'incompréhension : pourquoi est-ce que tout avait tourné ainsi ? Pourquoi est-ce que tout avait tourné ainsi ? Ils étaient si heureux autrefois. Elle avait tant attendu, tant espéré de ses petits-enfants ! Et les petites étaient si mignonnes, si adorables. La même Élise qui avait été l'enfant de ses rêves, c'était cette même femme accusée de terrorisme ? Que se passait-il ?

Je viens de recevoir par la poste une photo de ma mère, âgée de dix-huit ou dix-neuf ans, les cheveux châtains (beaucoup moins blonde que par la suite), habillée d'une robe violette à la communion d'un membre de la famille. Je n'ai jamais vu de photo d'elle à cet âge. Par un autre canal, un jour plus tard, je reçois une photo de mon cousin David et de moi-même, photo célèbre dans notre famille mais que je ne possédais pas, où il me tend une fleur comme pour une déclaration, ce qui correspond peu à nos exploits habituels. Photo de Noël où nous sommes tous deux endimanchés à une table de fête, lui avec une cravate mal serrée sur une chemise, moi en veste et nœud papillon, treize ou quatorze ans.

Mon père, venu dîner il y a trois jours, m'apporte une référence sur Action directe que je connais mais n'ai pas lue, *La Traque d'Action directe*, de Serge Savoie. Et Élise m'a envoyé par la poste une autorisation officielle pour consulter les archives du procès, demande qui suit depuis quatre mois les méandres administratifs, comiques (j'ai l'impression de revivre le vieux sketch de Chevallier et Laspalès sur la SNCF à chaque fois que j'ai un fonctionnaire des Archives au téléphone) mais affreusement lentes.

Bref, je ne suis pas seul dans cette course.

J'ai feuilleté distraitement le livre de Serge Savoie, qui raconte son engagement dans les Renseignements généraux, un peu par hasard, après la guerre d'Algérie. À un moment, il écrit qu'il est trop «paresseux intellectuellement» pour étudier le droit, belle lucidité qui

me le rend sympathique et je me mets à lire plus atten-
tivement son livre. Quelques détails inconnus d'ailleurs
sur Rouillan m'intéressent. Savoie est en fait le principal
responsable de l'enquête sur Action directe, d'abord
petite main puis de plus en plus essentiel dans le dispo-
sitif, bien qu'il n'ait jamais dépassé le niveau d'inspecteur
des RG. Il est présent lors de la souricière de la rue
Pergolèse (le piège qui avait utilisé comme appât le nom
de Carlos) : j'apprends d'ailleurs que les policiers ont
fait une grave bavure pendant l'arrestation, tirant sur
les occupants d'une Porsche en croyant qu'il s'agissait
de Nathalie Ménigon — les blessures sont légères, les
armes des RG étant volontairement moins puissantes que
celles des policiers —, et je me rends compte que Joëlle
Aubron fait ici ses premiers pas, apparaissant, encore
inconnue et identifiée seulement beaucoup plus tard,
à une première entrevue avec Chahine et le faux intermédiaire de Carlos. Elle est alors surnommée la fille de
Deauville, lieu d'un premier rendez-vous.

Un nouveau fait renoue avec l'ambivalence d'AD.
Nathalie Ménigon, au moment d'être arrêtée à côté de
la rue Pergolèse, s'est trouvée face à un policier, armée
du 11.43 favori d'AD. À un mètre de lui, elle ne tire que
pour le dissuader d'avancer, ce que le policier, nommé
Paulo, reconnaît ensuite sans peine — au point que les
deux en viennent à sympathiser. Quelques semaines
plus tard, se retrouvant à la reconstitution, Paulo et
Nathalie se font la bise, à la fureur du responsable des
RG. Toujours la question des *branleurs sympas*.

L'arrestation finale des membres d'AD, en février 1987,
après les assassinats, a la simplicité de la vérité. Elle naît

d'abord d'un hasard, toutes ces enquêtes apparaissant comme la combinaison d'une patiente minutie, en apparence dépourvue de toute grandeur, d'un travail d'information souvent appuyé sur des informateurs recherchés, séduits, rétribués (tout cela entre oppositions de services, conflits de personnes et hiérarchies tatillonnes trop préoccupées par leurs carrières) et de la pure chance. Alors que les RG sont en chasse depuis des mois, et surtout depuis le meurtre de Besse, Savoie est contacté par un collègue inconnu, travaillant dans un tout autre domaine. Ils vont boire un café, occupation centrale des RG, qui passent leur temps à tisser leur toile, rencontrer des gens, observer dans les cafés, et l'inconnu lui apprend qu'un ami, ancien commissaire de la préfecture de police à la retraite, habitant une maison dans le Loiret, lui a parlé d'un couple de Belges dans son village de Vitry-aux-Loges. Ils mènent une vie tout à fait normale, notamment la femme, très sociable et avenante, que beaucoup connaissent. L'homme est plus renfermé, plus sauvage. Ils ont pour nom Robert de Greef et Nadine Paquet. L'ancien commissaire les a remarqués et les trouve suspects, parce que l'homme porte souvent des jumelles autour du cou et parce que le couple lui semble sur ses gardes. Le flair? Sur ces seuls indices, si maigres, si fragiles, le retraité a tenu à prévenir son ami et voilà que Serge Savoie est au courant.

Celui-ci ne croit pas à cette piste, qui lui semble improbable. Rouillan et Ménigon vivant à proximité d'un petit village, au vu et au su des voisins? Par acquit de conscience, il décide néanmoins d'aller en reconnaissance, avec un policier, à Vitry-aux-Loges. Là, il découvre la ferme des deux Belges, à quelques kilomètres du village, fait semblant de se promener, revient et voit alors surgir le couple, qu'il photographie à plusieurs reprises, en se dissimulant derrière un arbre. Ils discutent avec des voisins paysans venus leur vendre des lapins. Il n'a pas l'impression qu'il s'agit des deux terroristes, qu'il connaît bien. Rentré à Paris, il fait développer les clichés et s'attarde longuement sur cet homme barbu, à lunettes, le crâne très dégarni, habillé d'un pull blanc, et cette femme souriante, avec ses lunettes, en survêtement, qui semble très détendue. Dubitatif, il ne reconnaît pas cet homme à qui il avait conseillé autrefois, il y a bien des années, de s'en tenir là, de tout arrêter, parce que ses «bombinettes symboliques» ne le mèneraient pas loin, le forçant à l'escalade et le condamnant ou bien à la mort lors d'un hold-up ou à la prison jusqu'à la fin de ses jours. De façon plus étonnante, puisque Ménigon n'a pu se dissimuler sous une barbe, il ne reconnaît pas non plus la jeune femme de la rue Pergolèse. Mais il lui semble en même temps que cet homme peut être Rouillan. Et plus il observe la photo, plus il examine surtout, en comparant avec des photos plus anciennes, l'implantation des oreilles, plus il en est persuadé. Il prévient sa hiérarchie, dit qu'il n'est pas sûr mais qu'il veut en avoir le cœur net, parce que l'affaire est trop importante, et il repart pour Vitry-aux-Loges.

Il attend à l'hôtel. À l'aube, alors que la neige blanchit l'espace, ouate les bruits, souligne les traces de pas, il retourne à la ferme, où personne ne bouge mais dont la voiture rouge du couple n'est pas partie. Quelques heures plus tard il revient et, après un temps d'attente, se met à suivre la femme, qui prend la voiture. Dépassé peu après par un fourgon de gendarmerie, avec son gyrophare, il s'inquiète. Les voitures s'arrêtent. Nadine Paquet est à quelques mètres de lui. Il aperçoit un arbre tombé à terre, abattu par la tempête de neige, que les gendarmes viennent dégager de la route. Il sort de sa voiture, voit la femme et aussitôt il revient sur ses pas : c'est Nathalie Ménigon, il en est certain.

Le RAID est prévenu. Le soir même, quinze voitures du groupe d'intervention sont rassemblées. Les hommes armés et cagoulés encerclent la ferme, où de nouveaux véhicules se sont garés. Nathalie Ménigon sort de la maison pour aller chercher un paquet dans un cellier. Le bêlement d'une chèvre s'élève. Les hommes sont allongés dans la neige. La femme ferme la porte à clef.

Le groupe s'élance, séparé en deux équipes. D'un coup de masse, ils font sauter la porte de la maison et font irruption, armes tendues. On entend des cris. Les terroristes tentent de grimper à l'étage. Une rafale de fusil automatique les fige. Quatre personnes sont arrêtées, le cœur d'AD : Rouillan, Ménigon, ainsi que Cipriani et Aubron qui les avaient rejoints.

Lorsque Savoie pénètre dans la maison, il dévisage ces êtres qu'il a poursuivis si longtemps. Et ce que j'apprécie, c'est qu'il ne parle d'eux ni comme des monstres ni comme des ennemis publics, même si ce sont des ennemis de fait. Il parle d'un «groupe d'égarés». Lorsque Rouillan lui dit qu'ils avaient préparé une prison de peuple pour accueillir un otage destiné à opérer un échange avec Régis Schleicher en prison, il commente simplement : «Le voilà à nouveau dans son délire.»

À propos de Nathalie Ménigon, qu'il appelle Nathalie depuis plusieurs pages, comme une vieille amie, il parle d'une personnalité à deux faces : Nadine, agréable, plaisante, et Nathalie, prête à tuer des inconnus par idéologie. Et, remarque-t-il, ce soir, alors que les trois autres sont abattus, elle semble presque soulagée, «comme si elle était libérée». Nadine, et non plus Nathalie.

Un détail, toutefois, me répugne, comme un scalp arraché à un crâne. On retrouve dans un coin un morceau de cuir qui provient de la serviette de George Besse. Rouillan l'a découpé pour s'en faire un holster.

6

Les Archives m'ont refusé l'accès aux dossiers judiciaires : six mois d'attente pour ce résultat. Explication : «Le premier président de la Cour d'appel de Paris dont l'accord préalable est requis par les dispositions de l'article L. 213-3 du code du patrimoine, estime que la communication de ces documents serait de nature à porter atteinte à la vie privée des personnes intéressées et encore en vie.» Je comprends surtout qu'AD reste un sujet sensible.

Je suis déçu : rien de plus passionnant que les arcanes d'un dossier, les affrontements des témoignages, les questions des juges et les défenses et retraites des accusés. C'est une grande bataille. Et rien de plus fascinant que le style judiciaire, le langage dans la langue qu'il réussit à créer. Malheureusement, il me faudra me rabattre sur les différents témoignages et les extraits de presse.

Trois procédures visaient Élise, ce qui permettait de la garder en prison en la ferrant par plusieurs dossiers : les faux papiers, pour lesquels elle avait été condamnée à trois ans de prison, dont un an et demi avec sursis, l'association de malfaiteurs, pour laquelle on pouvait craindre une lourde condamnation, et une dernière procédure pour un attentat contre une agence parisienne de la Banco di Roma (accusation totalement imaginaire).

En janvier 1988 eut lieu le procès d'Élise pour association de malfaiteurs, dit procès de la *mouvance* parce qu'il rassemblait les membres d'AD (les quatre, auxquels il faut ajouter Schleicher, Spano, Hamami, Halfen) et les sympathisants actifs, vingt-quatre prévenus en tout. On compte beaucoup de femmes dans ce procès : ce fut l'occasion pour la presse de s'interroger sur la présence des femmes dans le mouvement, sur la responsabilité du féminisme en la matière, des hommes (influence néfaste de Renaud B., de Jean-Marc Rouillan, Bonnie and Clyde du terrorisme, etc.), tout en vantant a contrario les qualités si féminines de certaines (la séduction d'Aubron, la douceur de Ménigon avec les animaux, son talent pour les confitures). Si la presse eut sa lecture, insistant aussi sur l'origine sociale des protagonistes, en particulier pour Ménigon la pauvre et Aubron la riche (ce que j'ai fait moi-même dans ce récit), victimes d'une névrose sociale, chacun a la sienne.

Élise se souvient de quinze jours assez confus, évoquant une grève de la faim des membres d'AD, des déclarations radicales qu'elle aurait faites, comme d'autres («Vous êtes une justice de classe, je ne parlerai pas»). La plupart du temps, elle n'écoutait pas les débats, trop heureuse d'être enfin à l'air libre, riant sans cesse parce qu'elle se retrouvait à côté de Renaud, qu'elle n'avait pas vu depuis des années.

Christian, lui, garde surtout en mémoire les parents, dupliquant ainsi sa propre situation. Le père de Rouillan, hébété, «prolo», me dit-il (il me semble qu'il est en réalité prof de gym), allait et venait en répétant : «Il était si gentil quand il était enfant», tandis que les parents d'Aubron étaient effondrés, presque fous de douleur — alors que ce n'était, pour le noyau dur d'AD, que le premier procès, dans une suite de procédures, et notamment les procès des Assises, pour assassinat.

Ménigon et Rouillan se revirent là pour la première fois depuis l'arrestation et Sorj Chalandon, dans un court reportage sur Internet, demeure ébahi par la rencontre de ces deux êtres, par le moment de «beauté» et d'«humanité» (il n'y va pas un peu fort, là?) que représentaient les retrouvailles de ces deux êtres, s'étreignant, se caressant les cheveux, affolés du bonheur de se revoir après si longtemps.

Et c'est également durant ce procès qu'Élise sympathisa avec Nathalie Ménigon, ce qui ne fut pas sans conséquences pour la suite.

À la fin des quinze jours, les membres d'AD furent condamnés à dix ans de prison (sans préjuger des peines ultérieures). Pour Renaud et Élise, les débats portaient sur le financement d'AD — on considérait que L'Internationale finançait le groupe — et sur le degré d'appartenance au mouvement. Deux témoignages à charge emportèrent la conviction : un couple de Rouen déclara avoir vu Renaud et Élise avec des armes et la propre sœur de Renaud l'accusa.

Sept ans de prison pour Renaud, cinq ans ferme pour Élise.

7

Chacun suit son chemin. Pendant qu'Élise subissait ces procès, je vivais une assez mauvaise période de ma vie. Sans commune mesure, évidemment, mais à vrai dire, chacun vit sa propre tempête, et toutes sont dévastatrices. J'ai un peu de mal à en parler. Je tourne depuis plusieurs jours autour de mon ordinateur, écrivant quelques lignes, songeant à passer à une autre partie, perdant du temps sur Internet, bref, butant contre la difficulté. Comment parler de cette période ?

Voilà deux semaines, je suis passé par hasard par Épineuil-le-Fleuriel, village d'Alain-Fournier, dont l'école a été précieusement conservée, telle qu'elle apparaît dans *Le Grand Meaulnes*, avec le grenier où logeait l'enfant au-dessus, les chambres si pauvres des parents. Les salles de classe arborent des cartes de géographie. La France. Le monde.

Je n'avais pas rouvert *Le Grand Meaulnes* depuis mon adolescence, un peu déçu, après un début proprement merveilleux, par ses haillons de comédiens, ses Pierrot et Harlequin à la pantomime trop lourde. Voulant en relire quelques pages, ce début si pur et si simple où un fils d'instituteur solitaire voit arriver dans son village de campagne un inconnu un peu plus âgé que lui, j'achète le livre et, profitant du mauvais temps, je me mets à le lire. Je suis tout de même happé par la figuration enfantine du Domaine perdu, d'un chemin impossible à retrouver, des figures à demi rêvées d'une jeune fille et de son frère. En tâchant de trouver le merveilleux au sein même du réel, domaine dont le chemin s'est perdu mais qui s'est bien ouvert un jour devant nous, le livre me touche et me fait évidemment songer à l'éden et l'utopie. De l'artifice qui m'avait agacé adolescent, je ne retiens presque plus rien, aimant surtout la simplicité des phrases («assis sur un pupitre, en balançant les jambes, Meaulnes réfléchissait») et tombant tout à coup sur une phrase naïve et belle : «Nous étions gênés tous les trois par cette aisance à parler des choses délicates, de ce qui est secret, subtil, et dont on ne parle bien que dans les livres.»

Ayant repris ma voiture, alors que je conduis sous la pluie, dans cet été froid, je songe à ce que fut cette fin d'adolescence pour moi, à dix-huit ans, encore plus embarrassé de moi-même que le narrateur un peu niais du roman. Le grand type maigre et boutonneux que j'étais. Timide avec les filles. Une caricature d'adolescent pour film américain. Ancien cancre devenu premier de la classe, on ne sait trop comment, sans doute parce que certaines choses se sont mises en place dans mon être. Classes préparatoires littéraires, toujours à Henri-IV. Lorsque je pense à Paris à cette époque, il me semble qu'il faisait toujours sombre et qu'il pleuvait. Des lumières rouges et vertes ruisselaient dans la pluie. J'étais tombé amoureux d'une fille de ma classe, nommée Hélène (curieusement, je viens de me rendre compte dans mes recherches que son oncle était chargé du dossier d'AD à l'Élysée — on ne sort jamais de la famille), et comme j'étais affreusement timide, je n'osais rien. Hélène était très attirante, à la fois parce que c'était de loin la plus belle fille de la classe, grande et mince, avec de longs cheveux, et parce qu'elle était inaccessible : virginale. J'y pensais sans cesse, ne pouvant même plus travailler, et même avec le recul des années, j'hésite entre le mépris pour cet abominable puceau et la compassion pour son innocence et sa sincérité. Une après-midi, nous avons fait une longue promenade ensemble puis nous nous sommes séparés. Elle a semblé attendre quelque chose — et même moi, je comprenais ce qu'elle attendait mais j'étais plus bloqué qu'un robot — et puis comme je ne bougeais toujours pas, elle a dit «merde», ce qui manquait un peu de dignité virginale, et elle est partie. J'ai dû repenser un bon millier de fois à ce moment, je l'ai raconté deux ou trois fois à des amis qui m'ont immédiatement compris, parce que les timides et les Hélène sont l'histoire de l'adolescence, mais cela n'a jamais rien changé : je n'ai jamais bougé. Je suis resté dans les rêves, dans les représentations. Je n'ai pas embrassé Hélène et même si, par la suite, j'avais embrassé onze mille vierges, le regret de la défaite serait demeuré.

Par on ne sait quels méandres, tout dérapa à partir de ce mince fait — de cette absence — et j'eus beaucoup de mal à avancer dans la vie et même dans les études. Le type qui se promenait dans les bibliothèques du quartier latin, grand et maigre, vêtu d'un bas de survêtement ou d'un jean informe, le cheveu sale et trop long, avec des boutons d'acné, ne ressemblait à rien. Je me traînais de plus en plus épuisé. Une sorte d'intoxication amoureuse qui dissimulait une totale inadaptation au réel — la mue impossible du rêve à la réalité. Il me fallait un autre corps, une autre vie. Je n'avais pas compris qu'il n'y a pas d'autre choix que d'aimer le monde tel qu'il est, sauf à se condamner au malheur, et même si je l'avais compris, tout en moi l'aurait refusé, simplement parce que je n'avais pas encore pris le bon chemin.

Michel Rocard dîna un soir à la maison avec plusieurs patrons très importants de l'époque. J'étais placé en bout de table, ce qui était normal pour un futur ministre. J'étais convenablement habillé et lavé. Je ne dis pas un mot de la soirée. Mais j'étais tout de même content d'observer Rocard, la référence politique de mon père, l'homme de la deuxième gauche, le rénovateur, le pur. Son assurance me surprit. Il trônait au milieu de tous, avec un phrasé rapide et péremptoire, beaucoup plus autoritaire et assuré que son image ne le laissait penser. Il buvait, mangeait, fumait avec avidité alors que j'avais pensé à un pur esprit. Et par rapport à d'autres hommes politiques que j'avais rencontrés, il était plus froid, plus indifférent. Il me dit simplement, à la fin du repas : «Bon vent.» Depuis, j'ai changé d'avis. Un homme politique, pas plus qu'un écrivain, n'a le devoir d'être sympathique. Un écrivain doit écrire de bons livres, un homme politique doit prendre de bonnes décisions. Le reste n'a pas d'importance.

Ainsi allait le vent — le vent moisi. Ma mère me demandait si cela allait bien à l'école, je répondais «ça va bien ». Ma tante Jacqueline me considérait en déclarant, pour la centième fois : « T'es trop maigre, toi ! »

Il y a eu quelques rebondissements, une lassitude toujours plus grande, et puis je me suis retrouvé un jour en Angleterre, à Londres, serveur dans une pizzeria.

Je ne peux pas dire que j'ai été un serveur heureux, découvrant enfin la vraie vie après les illusions et les livres poussiéreux. Je peux même dire que je me suis beaucoup ennuyé, et que ma chef ne cessait de me dire « *Smile*, Fabrice » parce que je n'étais pas assez avenant avec les clients. Mais en même temps, si je parle ici de cette expérience, c'est parce que je trouvai la solution du réel et de l'utopie, dans cette petite chambre étroite que je partageai avec mon ami Olivier, venu exercer son anglais avant le concours de Sciences Po.

L'imaginaire m'avait emporté. Je voguais à la dérive des rêves. J'étais allé jusqu'au bout de ce que peut permettre l'illusion, l'énervement des sens, la vie enfermée dans le crâne. C'était la fin de ma première existence, d'enfance et d'adolescence, entièrement dévolue aux rêves. Il fallait que j'entre dans la réalité.

Celle-ci me pressait de toutes parts dans ce nouveau pays, cette nouvelle langue. J'avais trouvé un emploi, après deux jours d'errance dans les rues de Londres, faisant toutes les annonces, refusé partout, me présentant même pour le poste de gardien de banque (qui aurait eu peur de moi ?) et puis dénichant enfin ce poste de serveur chez Pizza Hut. Avec Olivier, qui avait trouvé plus rapidement un emploi comparable, nous avons cherché une chambre, dans les quartiers les plus infâmes, mais le romanesque m'habitait si fortement que rien ne me rebutait. Le pire danger, c'est que même le réel en était travesti et que les plus infâmes conditions n'étaient que les atours d'une nouvelle histoire à me raconter. J'étais comme les squatteurs dont m'a parlé Michel, portant les verres colorés, kaléidoscope de l'existence, et vivant les pires tourments matériels à la lumière de la révolution et d'une *autre vie*. Une impasse borgne, dans le pire quartier où des enfants aux têtes lourdes et déformées, les cheveux décolorés, jouaient dans le ruisseau, me paraissait un très bon choix — qu'écartait Olivier. Nous avons finalement atterri dans une chambre située dans un quartier agréable, mais avec un seul lit. Six jours de travail par semaine, un salaire de misère, des pourboires pour compenser. Ma chef, une blonde grasse, me répétait de sourire, le patron m'avait en revanche à la bonne, me félicitant de travailler dur. J'avais des relations assez cordiales avec les autres serveurs, souvent des Maghrébins qui parlaient bien français mais refusaient de parler une autre langue que l'anglais, ce qui m'allait très bien : ma métamorphose avait besoin d'une autre langue. Le cuisinier était un homme d'une quarantaine d'années, d'une grande autorité, un aviateur israélien chassé de Tsahal pour un crime, disait-on. Une fois par semaine avait lieu un tribunal populaire où chacun pointait les erreurs de l'autre. Je m'y refusai totalement, les autres ne se privèrent pas, à ma grande exaspération, si bien qu'ils me prirent ensuite à part pour me déclarer : «*Nothing personal*, Fabrice.»

Le soir, je rentrais épuisé, très tard. Parfois, nous avions la force de discuter, pour l'essentiel de filles, de littérature et de cinéma. J'avais acheté les œuvres

231

complètes de Skakespeare et j'essayais de les lire mais je m'endormais dessus. Le seul jour de congé, nous le passions à faire la lessive, notamment des chemises de serveur, qui séchaient ensuite au-dessus de nos têtes, et la vaisselle de la semaine. Tout cela n'était pas bien gênant et se mariait aisément à un imaginaire romanesque, mais je me rendais compte avec angoisse que le temps me manquait.

Un jour, sur un cahier, j'avais commencé une histoire, un dimanche matin. Un grand bateau à voiles attendait son départ dans la baie de San Francisco. Le vent gonflait les voiles, l'équipage se pressait, et dans la petite chambre, je sentais la douce vibration du départ, mon corps assis sur la chaise éprouvait la torpeur heureuse d'une translation entre Londres et ce paysage imaginaire de San Francisco, où j'étais passé quelques années auparavant, loin, bien loin de mon existence quotidienne, dans une réinvention de la vie et de l'espace. Le serveur qui devait sourire flottait dans un imaginaire du départ et de l'aventure, avec ce bateau amarré, la proue tendue vers l'ailleurs, navire de bois et de soie venu du fond des siècles et accroché à un quai d'acier et de pierre, en pleine modernité. Je ne sais où partait ce bateau, et des personnages qui se pressaient sur le quai et sur le bateau, les uns s'embrassant, les autres s'observant avec attention, j'ignore le destin, puisque je n'ai pas poursuivi ce récit au-delà d'une dizaine de pages. Mais je sais que tout ce que j'ai pu écrire par la suite est contenu dans ce navire en partance vers le large et l'inconnu, en quête d'un trésor qui n'est sans doute que l'aventure elle-même ou l'écriture d'une aventure. Même si ces voiles bombées

232

par le vent n'étaient peut-être que la projection des deux chemises jaunâtres qui séchaient au-dessus de ma tête pour le service de la semaine, elles ont été le début de l'aventure et la seule conciliation possible de l'imaginaire et du réel.

Dans cette chambre en marge, environné par une langue et un pays étrangers, j'avais trouvé la clef du monde, une clef qui n'était pas magique, qui ne faisait pas disparaître par enchantement les difficultés, les pesanteurs et les tragédies, mais qui réconciliait l'imaginaire et le réel, en faisant de la réalité, toujours à même d'être corrigée par la réécriture, le tissu de mes rêves. Et je dois dire qu'avec le temps, même la réalité la plus quotidienne, à certaines périodes, me sembla belle et savoureuse, de même que l'imaginaire pouvait être souple et voluptueux, parce que le passage de la porte d'ivoire ou de corne qui séparait les deux domaines me délivrait de l'empoisonnement de chacun.

Et même la face la plus amère du réel, la Société, non pas les individus mais l'agrégat immense et hiérarchisé d'une pyramide humaine, pouvait être séduite par l'écriture, car même si, à mon grand regret, puisque le bon garçon aurait bien voulu obéir à sa mère, je n'allais pas devenir ministre, le titre d'écrivain me semblait une chevalerie miraculeuse, plus admirable et plus rare qu'un titre de ministre. Si j'avais rencontré beaucoup de ministres et de patrons d'entreprises, je n'avais jamais vu un seul écrivain de ma vie. Ils étaient des dieux absents, incarnés dans ma bibliothèque, étudiés en classe, mais pas des personnes réelles, venues dîner à la maison, alignant des banalités en absorbant goulûment vin et nourriture.

233

Les écrivains appartenaient à l'empyrée et leurs noms étaient Balzac, Hugo, Zola, Proust, soit des légendes et pas des hommes réels. Devenir écrivain, c'était entrer dans la légende, et même si, plus tard, dans le monde si désenchanté, si rétréci, si mesquin qui s'offrit à mon âge adulte, tout conspira à réduire cette légende, elle ne fut jamais annulée. Souvenir du *Capitaine Fracasse*, lu dix ou quinze fois : le méchant Vallombreuse demande au marquis de Bruyères s'il peut même se battre en duel contre cet histrion, cet acteur, ce prétendu baron de Sigognac. Et le marquis de répondre que Sigognac est certes pauvre mais que ses quartiers de noblesse sont si nombreux qu'il pourrait *pénétrer à cheval dans une église*. Formule superbe qui est pour moi la métaphore de l'écrivain.

Bref, le chevalier retrouvait une monture.

8

Cette année 1988 fut pour ma mère et mon beau-père l'année de la nouvelle maison.

La maison de campagne de La Mare Hermier avait été vendue. Beaucoup de souvenirs disparurent avec elle mais plus personne n'en profitait vraiment. Pierre et Danièle avaient découvert un nouveau terrain dans une région plus ensoleillée, à côté d'un petit village de pêcheurs pas tout à fait inconnu : Saint-Tropez.

Pas vraiment un plateau normand balayé par le vent.

Le terrain se trouvait sur une colline de Ramatuelle, au-dessus de la mer, en pleine nature. Ils firent bâtir une belle villa qui fut prête à Pâques 1988. Commencèrent alors des années qui furent l'apogée social du couple, en comparaison de laquelle l'antique splendeur des Coutris n'avait été qu'un aimable jeu d'enfant. Taille de l'entreprise, renom, prestige, propriétés, milieu social et amitiés, tout était passé au niveau supérieur.

Lorsque je rentrai de Londres, ayant compris que ma belle ambition de serveur me conduisait dans l'impasse, puisque j'avais juste le temps de survivre, j'arrivai dans un fourmillement. Pierre était devenu, en plus de ses nombreuses activités, sponsor d'un festival de théâtre, la maison ne désemplissait pas d'artistes, d'acteurs, d'amis divers, et tout d'un coup, l'univers habituel de politiques et d'hommes d'entreprise se trouvait bigarré d'êtres différents, aux habits colorés, très affectés et vaniteux, d'une vanité plus visible que celle des précédents, parfois intéressants, parfois juste fats et stupides, qui se promenaient un peu partout avec des trémolos et des éclats de voix qui me laissaient désemparé. Mais cela changeait.

Ce fut vraiment un moment — car il n'y a jamais que des moments — de luxe et de plaisir. Un moment qui dura tout de même plusieurs années et dont le résumé peut être confié au *Nouvel Observateur*, dans lequel on pouvait lire, au milieu d'un long article sur Saint-Tropez, que la table des Eelsen était la plus courue de la région et qu'on se battait pour avoir le privilège d'y être invité, phrase que ma mère jugea absurde.

C'était un monde avec des *noms*. Des titres aussi (il est le président de…), mais surtout des êtres qui s'étaient bâti des noms célèbres, comme des étendards personnels. Au soir des spectacles du festival, les longues robes glissaient sur le sol, les rues étaient bloquées pour que s'écoule la foule et le théâtre se remplissait. Par un côté entraient les spectateurs payants, par un autre les invités. Deux mondes. Et les invités se saluaient, se reconnaissaient, souriaient et riaient, on leur tendait des coupes de champagne. Ils prenaient rendez-vous pour des dîners, discutaient. Les figures les plus connues (ministres, célébrités) étaient regardées avec curiosité, on aimait leur être présenté, si on ne les connaissait pas. Souvent, on s'était rencontré mais c'était loin, pendant un dîner, une réception. Fallait-il approcher, tendre la main? Et si on n'était pas *reconnu*? De jeunes hôtesses accompagnaient les invités vers leurs places, souvent deux rangées de chaises installées au premier rang. Quelques figures, trop connues, saluaient peu, préféraient rester tranquilles sur leurs chaises. Régine, avec sa chevelure rousse, le producteur de disques Eddie Barclay, célèbre pour ses conquêtes féminines et ses immenses soirées, les *nuits blanches*. Il était lui-même vêtu de blanc, avec une fine moustache, toujours accompagné de très jeunes femmes.

Le directeur artistique du festival était un acteur. Diva lunatique, tantôt charmant, tantôt maussade, il saluait ou ne saluait pas. Un des membres de l'équipe, à un repas au début du festival, lui jette, ironique, comme il raconte l'une de ses nombreuses anecdotes : « Mais qui êtes-vous, monsieur ? » Éclatant de rire, je recrache mon eau sur la table. Ma diva, vexée, ne saisissant pas la plaisanterie, de déclarer : «J'ai tout de même tourné dans plus de cent films!» Qu'il ne s'inquiète pas. Tout le monde le connaissait. Il faisait tout : acteur, réalisateur, autobiographe, réservoir d'anecdotes, producteur, directeur de théâtre, de festival, homme d'affaires. Il aimait la vie, en souffrait parfois. Son ami était un jeune homme à la peau blanche et délicate qui l'adorait et en souffrait parfois. Il aimait les amis, les hommes, les femmes, la nourriture, le vin, les vanités, les honneurs, la générosité et la fidélité. Il était un tableau changeant.

Maître de cérémonie, il haranguait le public, présentait le spectacle, toujours *le plus beau qui soit*, avec *des artistes et des amis extraordinaires*, dans un *théâtre merveilleux bâti sous les étoiles*, tout cela grâce à de *formidables mécènes, à la générosité incomparable.* Suivait ensuite un spectacle, bon ou mauvais, à la fin duquel il déclarait toujours, d'un air profond, que cela avait été *très beau*, lorsque c'était sérieux, et *formidablement drôle*, lorsque c'était comique. Parfois, c'était pourtant très mauvais.

Des années après, alors que je l'avais peu connu, et que d'ailleurs il me confondait avec mon frère («dire que je t'ai connu tout petit»), je m'aperçus, après sa mort, qu'il me manquait. Il dépassait la norme. Il s'appelait Jean-Claude Brialy.

Il y eut un homme aux yeux écarquillés. Il demanda une carte gratuite pour prendre des vols Air Inter. Il s'appelait Charles Trenet.

Il y eut une chanteuse, que je n'allai pas voir : Barbara. Je me dis ensuite que j'avais été stupide. C'était la fin d'une époque, une génération qui s'éteignait. Ces noms prononcés par ma grand-mère dans mon enfance venaient faire un dernier tour. Des noms qui glissent dans un entre-deux du passé, et dont l'écho fait surgir dans un halo d'autres époques. De même que dans mes lectures d'enfance de Robert Sabatier, je murmurais en comptine les noms inconnus de gens autrefois célèbres (Victor Francen, Max Dearly, Lucien Baroux, Harry Baur...), il faudrait faire la liste de ces noms délicieux : Jean-Pierre Aumont, Marisa Pavan, Jean Marais, Michèle Morgan... l'écho du temps.

Toutes les journées, pendant les semaines d'août, se passaient en commun, avec une bande d'amis, d'invités de passage, sur de longues tablées, avec des membres de la famille aussi. Beaucoup d'invités à la maison, un immense travail d'organisation, qui ne se sentait pas, pour ma mère. Il faisait beau.

Réveillé tard, je tombe sur un inconnu qui ne paye pas de mine, vieil homme en short et tongs que je n'avais jamais vu, avec des lunettes en demi-lune accrochées par un fil à son cou, lisant paisiblement son journal en buvant un café. Je le salue, nous bavardons, c'est un gentil vieillard, doux et bienveillant, qui s'appelle Lucien. Nous avons parlé, je ne sais pourquoi, de la Seconde Guerre mondiale. Il semble bien connaître le sujet. Il me raconte que, résistant à seize ans, en 1940, il a été parachuté avec plusieurs autres soldats à la fin de la guerre dans un village hollandais. Pris par les Allemands, il s'est retrouvé en face du peloton d'exécution et on l'a fusillé. Le responsable du peloton, alors qu'il respirait encore, s'est approché de lui, l'a regardé, et lui a logé une balle dans le cœur. Des heures plus tard, il s'est réveillé. La balle avait été bloquée par une bourse qu'il serrait dans une poche au niveau de la poitrine. Un paysan hollandais l'a soigné et il est ensuite sorti du pays.

Je le regarde avec stupéfaction, j'aurais bien aimé lui dire : «Mais qui êtes-vous, monsieur?» Je demande ensuite à ma mère : «C'est Lucien Neuwirth, répond-elle, celui qui a fait passer la loi sur la pilule en France.» Sa guerre lui importait peu. Mais la pilule, elle lui en serait pour toujours reconnaissante. On sentait qu'elle l'aurait logé des mois à la maison pour le remercier.

Simone Veil. Même impression que Rocard, en plus dure. On ne comprend rien quand on est jeune. On est étroit. En face de moi, j'avais une combattante. Est-ce qu'on survit aux camps, est-ce qu'on devient avocat puis ministre dans un monde machiste, est-ce qu'on fait passer l'IVG contre son camp, contre les injures et les coups bas, quand on est *sympa*?

J'avais un petit emploi de vacances au journal du festival : je racontais la vie du village. Je passais mon temps à rencontrer des gens, paysans, viticulteurs, commerçants. Ils me parlaient de leur vie, du village, je faisais des portraits. Je faisais aussi des entretiens avec des artistes, des journalistes ou des hommes politiques. Entretien l'été suivant avec un petit homme d'une intelligence surprenante, un ministre encore peu connu, dont chaque phrase était drôle et percutante. Dominique Strauss-Kahn.

Le nom. Être quelqu'un. Pierre : «As-tu dit qui tu étais?» Mais je *n'étais* pas. Je ne portais pas le nom, je ne *m'appelais pas* E., moi, c'était FH et j'en étais fier d'ailleurs, mais c'était différent. Toujours les doubles noms ensuite dans mes récits. L'histoire de mon père, à la fois Wagner et Humbert, puis E. et H., toujours des questions d'identité.

Importance des dîners. Moments de détente et d'intimité, entrée dans la vie des gens, suspension de la vie des affaires pour une autre vie sociale plus sourde, resserrant les liens, par affinité, intérêt ou véritable amitié à venir. Pouvoir du langage, des personnalités fortes, charismatiques. Éclat ou pauvreté de la conversation. Enjeu : un dîner *réussi*. Gestes aussi d'ostentation, dévoilant des richesses privées — souvenir d'une demeure d'un banquier genevois : tout ce que l'argent, la culture et le goût peuvent réunir de beautés du quotidien. Des sculptures modernes dans le jardin. Ce pourrait être un musée pour des civilisations à venir, comme ces villas romaines exhumées du sol et présentées aux touristes. Maison de Régine à Saint-Tropez : une femme grasse à cheveux rouges, un peu dure, un peu vulgaire, et pourtant une forme de séduction venant peut-être là encore d'une sorte d'énergie vitale, d'enracinement. Sur le linteau de la cheminée (est-ce vraiment un souvenir ou une invention à partir d'une anecdote qu'elle raconta à table?), une photo de Ben Laden en jeune play-boy, riche et beau prince saoudien dans une boîte de nuit tropézienne avant les années de terrorisme.

Plusieurs mondes coexistaient. Des campeurs, des vacanciers, des *locaux*, des propriétaires de villas, sur plusieurs cercles de richesse et de reconnaissance, avec des déclivités perceptibles, au fond très nettes, une clientèle de flambeurs aussi, à l'existence nocturne et tapageuse. Une existence du regard, les propriétaires de yacht, exhibant leur possession dans le port de Saint-Tropez, que des badauds venaient admirer et moquer à la fois. À Saint-Tropez, surtout, le règne du regard, comme un gigantesque théâtre : des vêtements, outrés, corps offerts et refusés, beautés glissant dans les rues du soir pour se rendre dans les boîtes de nuit, examen permanent des uns et des autres, observation professionnelle des videurs, évaluant richesse, respectabilité, premier cercle dans la boîte de nuit des carrés VIP sondés par les regards des clubbers, tout un univers de signes, d'appartenances diverses, sociales ou autres, exhibé au regard d'autrui. Et puis aussi, dans la nuit, le regard du désir, de l'admiration, tous ces jeunes corps qui se cherchent.

Parfois, des réceptions avaient lieu dans de grandes bâtisses sur des vignobles appelées châteaux. Les invités étaient habillés avec élégance, l'odeur des parfums était forte, les serveurs passaient avec des coupes de champagne. Des rires retentissaient.

AD aurait voulu poser une bombe au milieu de ces assemblées, qui rassemblaient tous leurs ennemis. Et bien d'autres personnes les haïssaient pour ce qu'ils étaient. Ceux qui étaient de gauche étaient surnommés avec mépris la gauche caviar. De toute façon, ils étaient les riches, et donc détestés pour cela. Mais lorsque je considère Pierre et Danièle, qu'avaient-ils fait de mal ? Ils avaient été pauvres, et ils avaient réussi. Leur argent n'avait rien d'obscène et semblerait d'un montant ridicule de nos jours. Ils étaient travailleurs et intelligents, et même s'il y avait beaucoup de gens plus intelligents qu'eux et aussi travailleurs, ils possédaient en revanche une qualité à un degré rare : l'amour de la vie, qui se transformait en énergie. Je n'ai jamais rencontré un couple qui ait à ce point, malgré les vicissitudes, les lassitudes, les amertumes, cet appétit de vie. Il y avait chez mon beau-père un véritable sens du combat qu'avait adouci et épanoui ma mère. À deux, en ces années où ils accueillaient les invités, sur le perron, souriants et affables, ils ont représenté une force de vie que j'ai rarement rencontrée ailleurs. Ils n'étaient pas parfaits, ils avaient leurs défauts et leurs duretés. Mais je ne crois pas les défendre à tort (*défendre ma classe*) en demandant simplement : qu'avaient-ils fait de mal ?

Dans mon club, un des boxeurs, Jocelyn, répéta pendant un temps une formule : « Le pauvre est méchant, le riche est arrogant », avec d'autant plus de conviction qu'il n'était ni pauvre ni riche, après avoir été autrefois très pauvre, puis aisé dans une période d'euphorie boursière où il avait joué tous ses revenus en bourse, affirmant qu'il était trader pour lui-même, et avait gagné de l'argent. Comme il se doit, et alors que nous l'avions prévenu que ces jeux servaient surtout à ruiner les petits épargnants, il avait ensuite tout perdu. Sa phrase me faisait rire. En tout cas, Pierre et Danièle étaient absolument dépourvus d'arrogance. De cela, je suis certain. Image de mon beau-père écoutant avec attention, parfois même timidité, les hommes de l'art (mécaniciens, chauffagistes, plombiers) qui se succédaient à la maison.

Une remarque de ma mère qu'aurait malgré tout adoré AD. C'est tout de même gênant, disait-elle. On passe un été, deux étés avec des gens et puis voilà qu'on les retrouve dans les journaux, condamnés à plusieurs années de prison pour abus de biens sociaux ou autre délit de corruption. Elle disait cela d'un ton faussement ingénu, très drôle.

Je nageais beaucoup dans la mer, loin et longtemps, comme le faisait mon père autrefois. Je plongeais au fond de l'eau, le plus profondément possible, avec l'idée qu'il me serait possible de ne plus jamais revenir, si profondément enfoui dans les replis de la mer que mes efforts désespérés pour remonter resteraient vains. Je plongeais, je plongeais, toujours plus loin, mais l'appel de la vie en moi était plus fort, l'étouffement me faisait remonter à la surface avec rage, émergeant en suffoquant à la surface des eaux, ravi d'être vivant et en même temps furieux. Je ne parvenais pas à être heureux. Aucune issue à cela, malgré les heures d'écriture, malgré le soleil, j'étais arrivé aux limites de mon être. Il me fallait *autre chose*.

D'un conte peut-être lu autrefois. Une danseuse se
dévêt devant le prince et à chaque fois qu'elle ôte un
vêtement, le prince dit : «Encore!» Et lorsqu'elle se
retrouve nue, elle entend encore, interloquée, le maître
dire : «Encore.» Alors un bourreau l'écorcha et elle
dansa sanglante devant le prince, et elle danse encore.
Autre chose, encore.

Un jour, je suis parti dans les collines. Je ne sais
pourquoi, je recherchais la chaleur, des odeurs, au cœur
de la nature, dans la solitude. Et tandis que je m'enfonçais
dans les sentiers, me vint une sensation, une sorte de
souvenir à demi inconnu, entre rêve et mémoire, que je
ne parvenais pas à retrouver mais qui était en moi, oui,
comme un lointain, très lointain souvenir. Et à mesure
que la chaleur montait, que les odeurs s'intensifiaient,
et qu'un berceau de verdure se refermait sur moi, il me
semblait approcher de cette sensation, toujours indéfinis-
sable et pourtant inscrite au cœur de mon être, comme
une inscription antique à demi effacée par le temps. Il
me semblait reconnaître quelque chose, mais quoi? Il n'y
avait plus un bruit, la sueur coulait sur mon torse, il n'y
avait plus que ce ciel un peu aveuglant. Il me semblait
respirer une familiarité, effleurer des souvenirs à demi
rêvés. J'avais déjà connu cela — à une autre échelle, plus
pleine, plus puissante, une sensation qui était comme
une saveur palpitante toujours en avant de moi, à l'orée
de ma conscience. Qu'était-ce? Une sorte de manque qui
tâchait de se combler, sans que jamais je puisse vraiment
retrouver l'origine de ma sensation, dont je ne faisais que

quêter la trace sur ces sentiers. Je me suis arrêté, au milieu des taillis, enveloppé de chaleur, piqué par les épineux, tâchant de retrouver en moi-même le souvenir de cette sensation, si pleine, si savoureuse, si fraîche, comme un égaré cherchant son paradis. Mais la sensation, déjà plus lointaine, s'évanouissait alors qu'un moment auparavant elle me semblait si proche. J'ai tâché d'y revenir, de me laisser un peu de temps, de regarder le paysage avant de plonger de nouveau en moi à la recherche de ce souvenir, de cette saveur mystérieuse et familière. Mais ce n'était plus qu'une esquisse, le vague parfum d'une sensation à peine éprouvée, aussitôt disparue. Depuis, je me suis efforcé d'en retracer l'origine, mais elle s'est dérobée.

C'était ma quête de l'éden. J'étais à la recherche de cette plénitude exceptionnelle que j'imagine avoir éprouvée autrefois, dans un éden enfantin peut-être mythique, le sentiment merveilleux et immémorial de la présence du monde, mais ces mots trop pompeux échouent à traduire le pays merveilleux, qui est un je-ne-sais-quoi lové en chacun et que les mots ne sauraient restituer. J'ai beaucoup envié Proust d'avoir retrouvé le monde dilué dans sa tasse de thé, et il me semble que dans certains passages de son œuvre il a réussi à en trouver un équivalent linguistique, non par la seule vertu du génie mais par l'affleurement persistant de l'enfance en lui, jamais effacée. Et il m'a semblé aussi qu'un écrivain moins admiré a saisi la grâce, parfois, en quelques pages merveilleuses décrivant la nature et faisant renaître, par pure grâce, oui, un monde cristallin et immémorial : Colette. J'ai souvent lu et relu certains de ces passages, recherchant la trace du pays disparu comme je l'avais fait au milieu des collines. Et si je ne l'ai jamais retrouvé, il m'a semblé que dans la nature et les mots se logeaient tout de même des fragments du royaume, dispersés, éparpillés et faisant néanmoins deviner, par reflets et scintillements, ce que cela avait dû être. Autrefois.

Le sourd éclat des royaumes souterrains.

9

Tout a changé par la suite. Il y a quelques années, revenant au festival, je me suis rendu compte que beaucoup de figures d'autrefois avaient disparu. Les rangs des invités étaient plus clairsemés, les visages et les corps avaient grossi et vieilli, ou s'étaient au contraire terriblement amaigris. Le maître de cérémonie avait changé et même si le nouveau utilisait des termes comparables, le charme était rompu. Ce n'était plus l'autre, celui qui, le visage soucieux souvent, lançant des piques aux retardataires, ouvrait les spectacles de ma jeunesse. Il disait toujours des morts qu'ils nous contemplaient du ciel, phrase que je trouvais ridicule mais qui, cent fois entendue, finissait par avoir le plaisir de l'habitude. Le nouveau, reprenant la même phrase à son propos, me semblait accomplir une trahison. Le cœur serré, je m'arrêtais devant une femme aux cheveux plaqués, la peau trop blanche, trop pâle des malades, et tandis que sa voix s'élevait, fragile, distendue, ses bras se mouvant doucement, comme une méduse happée par le courant du temps, cet être fantomatique me faisait songer à ce qu'elle avait été, dans ces étés devenus soudain si lointains, à une époque où la vie et la société se tenaient de son côté, comme elles s'étaient tenues à côté de tous ces gens. Mais la roue tournait, en rotations brutales ou plus lentes, selon les destins, et quel que soit le sommet, la chute avait suivi, une chute inexorable qui n'était que la loi simple et implacable du temps et qui n'aurait peut-être pas été si dure à accepter s'il n'y avait pas le malheur des destructions, des maladies — affolantes rotations qui plaçaient sa victime en face de la nuit.

Désormais, en se retrouvant, les uns et les autres ne parlaient plus que des enfants, qui avaient pris ou non la relève, dans ce qu'on appelle une *reproduction sociale* qui me semblait beaucoup plus compliquée qu'on voulait bien le dire, d'autant que les choses n'ont pas été simples pour mon frère et moi. Et si j'observe les destins de ceux qui étaient des enfants ou des adolescents à cette époque, tout paraît vraiment heurté, réversible, fragmenté. Lors d'un voyage à New York, j'avais croisé un ancien copain de mon frère, autrefois timoré et un peu niais, transformé par d'étranges manœuvres de la vie en tycoon du pétrole, pas du tout grâce à son milieu, mais par haine et volonté de revanche sur une famille qui avait refusé de le reconnaître. Et tandis que je me tenais face à lui, je retrouvais l'enfant qu'il avait été, saisissant dans le malaise qu'il avait conservé, cette étrange gêne face aux autres, le reflet des timidités enfantines d'un être rejeté. D'autres avaient eu des trajectoires plus rectilignes, banquiers pour la plupart — chez certains, une addiction à l'argent, venue des billets de banque qu'on glissait dans leur poche, par liasses, avant d'aller en boîte de nuit (péché grave absolument proscrit chez nous). Les familles les plus tranquilles et les plus équilibrées avaient dans l'ensemble les enfants les plus tranquilles et les plus équilibrés. Mais il y avait eu les maladies, les mauvais accidents de la vie, et aussi, tout simplement, les échecs des ambitions déçues. D'autres encore avaient explosé en vol et c'était souvent le cas des enfants d'êtres un peu fous, parvenus grâce à leur folie, qui avaient élevé leurs enfants dans cette même folie, comme des chiens de combat que l'on rend à moitié insanes. Ils les avaient piqués sans cesse, multipliant les remarques assassines («tu es laid», «tu es stupide») et les injonctions de grandeur, méprisant les demi-mesures et les timidités. Et ces mêmes enfants, devenus adultes, avaient répété des images parentales, souvent avec moins de talent, car aucune folie ne se ressemble, ou au contraire les avaient rejetées avec haine, faisant tout exploser dans leur vie. Mais il y eut aussi des fils et des filles de fous qui devinrent encore plus fous et plus affirmés que leurs parents.

Une vraie reproduction de milieu, chez certains, par les mariages. Deux cas au moins d'appariement de classe, pour épouser une héritière ou un héritier. Un flot de capital qui tout d'un coup déferle, transforme la vie, les conditions d'existence, le jeune homme ou la jeune femme à la réussite encore balbutiante égalant ou surpassant par son mariage le niveau déjà prospère de sa famille. Une sorte de réticence un peu dégoûtée chez moi. Toujours ce malaise devant l'argent, sans doute, mais aussi le sentiment de l'injustice sociale devant un argent qui n'a pas été gagné — comme devant un vol.

Le monde autour avait changé. À cette bourgeoisie somme toute apaisée, le plus souvent parvenue par les études, succédait une classe internationale, tapageuse, mille fois plus riche et plus outrancière, venue de la finance ou des matières premières. Les rois du pétrole russe, fonçant sur les routes de campagne en Mercedes noires à vitres teintées, avec des chauffeurs aux airs menaçants, louant pour le mois d'août d'énormes maisons à des prix astronomiques, le prix d'achat d'un bel appartement dans un coin normal du pays, les gérants de fonds anglo-saxons, faisant éclater les caisses de champagne, invitant des tablées entières au restaurant, se conduisant en maîtres du monde, au son des tubes internationaux, les belles filles et les prostituées un peu partout, et venant également d'un peu partout. Des corps refaits, les seins et les lèvres tous identiques, une duplication des formes sur les plages privées et dans les boîtes de nuit, des muscles de body-building. Une immense vulgarité. Quelques banquiers tranquilles, néanmoins, allemands, suisses ou français, quelques patrons d'entreprise en famille. Une vieille classe subsistant encore, s'invitant de villa en villa.

Dans ce nouvel univers, l'argent était la toise universelle. Sur une plage privée un peu en retrait de la mer, autour d'un restaurant et d'une piscine où s'ébattaient au soir des corps huilés de champagne et de crème solaire, au son d'une musique techno, je m'approchai d'un lit à baldaquin sur lequel était étendue, en maillot de bain, une jeune Russe, très belle, sans doute fille d'oligarque. Je lui adressai la parole. Elle leva les yeux vers moi, son regard me traversant avec un mépris souverain : j'étais un être d'une autre race, transparent et vain : je n'avais pas d'argent.

Peut-être deux ou trois années plus tard, au cours d'une soirée dans une villa, une de ces soirées qui se créent comme un soufflé, à partir d'un mot qui se répand sur les plages privées, et qui finissent par rassembler des centaines de personnes. Je donnai le nom de code Max à l'entrée, surveillée par trois gardes du corps. La soirée était déjà bien engagée, des gens dansaient autour de la piscine. Je discutais un peu. « Qui est Max ? » Personne ne le connaissait. Un Anglo-Saxon ou peut-être un Suédois. Un gars qui travaillait dans une banque. La villa était blanche, très grande, les jardins magnifiques. Les invités étaient tous jeunes, de tous pays. Une Hollandaise me parla de sa vie à New York, dans une banque. Elle était gentille. Une fille maigre et brune dansait avec frénésie. Je l'ai rejointe, elle m'a accueilli avec un grand sourire. Nous avons dansé, nous avons parlé, je lui ai apporté un verre, nous avons discuté de Max l'invisible. C'était une Américaine, elle me parla de sa vie à New York, dans une banque. Je lui ai proposé d'aller en boîte de nuit. Elle a accepté avec enthousiasme. L'affaire était faite. Nous sommes partis de la soirée à trois, avec une de ses copines. J'ai pris ma voiture tandis que les deux filles entraient dans leur petit coupé Mercedes. Un quart d'heure plus tard, devant la boîte de nuit, je ne reconnaissais plus mon Américaine. Son regard était fuyant, elle ne me répondait plus que brièvement et se hâtait vers l'entrée de la boîte. Je tentais de la suivre, elle s'engouffra à toute vitesse, saluant le videur qui la connaissait. Quelle mouche la piquait ? Tandis que j'essayais de m'accrocher, elle se retourna brusquement en me lançant : « *Who are your friends ?* » Je ne compris pas. Je l'ai fait répéter. « *Who are your friends ?* » Et puis soudain la lumière s'est faite. La voiture ! J'étais entré dans une voiture normale, banale, un peu grossière, pas une Mercedes, pas une Ferrari et même pas une voiture branchée, type 2 CV vintage et colorée. Je ne faisais plus partie du même monde, je ne faisais plus partie des êtres inconnus et pourtant rassurants de la soirée, soudés par un code Max qui assurait de l'argent, des amis. J'étais *en dehors*. Sa bêtise m'humilia. « Pauvre conne, j'ai voulu lui crier, tu n'es rien, tu as un petit job minable dans une banque où on te file quelques milliers de dollars et tu te prends pour la maîtresse du monde. J'ai plus d'argent que toi, mais jamais j'achèterai une putain de Ferrari. JE PEUX ENTRER À CHEVAL DANS UNE ÉGLISE. » Nous étions fin août 2001. Quelques jours plus tard, deux avions s'écrasaient contre les tours du World Trade Center et plusieurs invités de Max furent brûlés, tués et déchiquetés dans cet effondrement. J'ai parfois pensé à cette fille qui m'avait humilié, me demandant si elle faisait partie des morts. Ben Laden la haïssait pour tout ce qu'elle était : blanche, américaine, matérialiste et vulgaire, basse. Comme AD, avec la même furie, le même aveuglement, avait jadis haï les représentants du capitalisme. Parce que le monde était encore plus fou, la tragédie était d'une ampleur inconcevable. Tous, ils ne savaient que haïr l'autre, se combattre et se tuer.

V

La vie etc.

Durant les années sérieuses de ma jeunesse, j'ai lu une question de Kant à laquelle je n'ai cessé de repenser depuis et à laquelle j'ai donné différentes réponses au cours de ma vie. Kant affirme que si l'on demandait à un homme, au soir de sa vie, s'il voulait revivre toute son existence, il refuserait à coup sûr. J'avais été stupéfié par cette affirmation. Comment ? On donne à un homme la possibilité de revivre alors qu'il va mourir et il refuserait ! Absurde ! Fait d'époque. Ça ne devait pas être drôle la vie des contemporains de Kant !

Je pense autrement désormais et je comprends beaucoup mieux ce qu'il a voulu dire, mais c'est à chacun d'apporter sa réponse. Le fait est, toutefois, que je me suis souvent demandé, dans les dernières années de ma grand-mère, ce qu'elle pensait vraiment de sa vie. Et maintenant, je me demande ce que chacun en pense.

1

En juillet 1988 se tint le procès d'appel d'Élise et de Renaud. Là, toutes les procédures en cours s'écroulèrent : l'association de malfaiteurs comme l'attentat de la Banco di Roma. Le dossier se révéla en effet être un montage et le trafic d'armes fut écarté, lorsque les deux témoins à charge se récusèrent, devant les policiers chargés de l'affaire qui blêmissaient. Le couple de Rouen qui les accusait de possession d'armes avoua que leur déclaration avait été faite sous pression tandis que la sœur de Renaud expliquait que les policiers l'avaient amené devant l'école de ses enfants en la menaçant de ne plus jamais les revoir. Le dossier se dégonfla et la seule accusation qui restait — faux et usage de faux —, confirmée, était punie d'un an et demi de prison. Cela signifiait qu'Élise avait fait deux ans de plus que la peine prévue.

Elle sortit de prison en septembre. Sarah était morte une semaine avant la sortie de prison d'Élise. On a toujours dit dans ma famille que ces événements l'avaient tuée. C'est peut-être vrai, mais l'affirmation est un peu rapide. Après tout, son mari était mort depuis plus de dix ans et c'était une femme âgée.

Sa fille Michèle la suivit quelques années plus tard et on fit le même commentaire. J'ai demandé à une psychiatre si un cancer pouvait avoir une origine psychologique. Elle m'a confirmé que des émotions trop fortes pouvaient en effet servir de déclencheur, sur un terrain toutefois favorable. Michèle s'exposait beaucoup au soleil, m'a-t-on encore dit. Mais il est vrai que Michèle était bien jeune pour mourir et que l'emprisonnement d'Élise, ses multiples visites, la souffrance de la voir en prison l'avaient minée. Christian resta des années inconsolable, tant ils étaient liés, puis il rencontra une autre femme et l'épousa. Son nom est Michèle.

En sortant de prison, Élise fit du secrétariat pour un écrivain, Jean-Edern Hallier, un gars sulfureux et foutraque, à demi-aveugle, très connu autrefois pour ses outrances. Il était aussi le directeur d'un journal, *L'Idiot international*, et on parlait toujours de procès à son propos, il était attaqué par tout le monde pour ses insultes, calomnies ou vraies dénonciations. Je me souviens d'une image de lui, critique littéraire, saisissant un livre et le jetant par-dessus son épaule pour manifester sa répugnance. Je crois qu'il a aussi fait des petits attentats, parce qu'il en voulait à tel ou tel (ancien ami, juré de prix littéraire qui ne l'avait pas récompensé…) mais c'est le genre de personne à qui l'on peut tout attribuer. La notice Wikipédia affirme qu'il serait parti au Chili dans les années 1970 avec de l'argent rassemblé par Régis Debray, décidément partout en ces années, et qu'au lieu de verser l'argent à la résistance, il se serait acheté quatre cent mille hectares de forêt amazonienne. Ses positions politiques me paraissent très obscures, de l'extrême gauche à l'extrême droite sans jamais passer par le centre, vouant une haine fanatique à François Mitterrand. Disons à sa décharge qu'il aimait la littérature et n'était pas petit-bourgeois.

Ces besognes de secrétariat, irrégulières et disparates, ne rapportaient pas assez d'argent. Renaud était sorti de prison un mois avant Élise et avait dépensé tout le pécule que Christian lui avait confié. Les années de prison avaient détruit le très fragile équilibre qui le maintenait dans la société. Son incapacité à travailler, ses prises de parole péremptoires faisaient hurler toute la famille, qui voulait juste lui dire : « Arrête de parler et va bosser. » Mais ce n'était pas cela. Renaud n'était pas paresseux, il était inapte à la vie. L'utopie n'avait jamais fait que couvrir son terrible malaise et il avait haï la société parce qu'il haïssait le réel, cherchant dans l'utopie sociale son bonheur, son éden. Il rêvait du monde parfait comme d'autres attendent leur épiphanie, et la prison avait achevé de le détruire. Non parce qu'il y aurait été brisé, mais parce qu'elle avait été sa grandeur et son héroïsme. En cet espace clos, marginal, il avait été reconnu, lui l'ennemi de la société, mais il avait été aussi assisté, nourri, délivré du quotidien, n'affrontant qu'un univers simplifié où les matons étaient les ennemis, les autres prisonniers ses frères d'oppression. Certains hommes immatures et égocentriques, déclare Élise, ont l'impression que parce qu'ils ont souffert, tout leur est dû. « Les autres leur doivent », répète-t-elle. « Si la prison, ajoute-t-elle, détruit l'identité, réduisant à un numéro, en retour elle développe l'ego, le besoin de reconnaissance : les anciens prisonniers, surtout les politiques, ont un terrible besoin de lumière, ils ont besoin qu'on parle d'eux. »

Sorti de prison, Renaud ne voulait même plus essayer de travailler : « Je vais pas me faire chier à être salarié. » Ses colères même témoignaient de son inadaptation, puisqu'en réalité toute vie sociale lui était devenue impossible. Hors de prison, il ne savait plus rien faire, même plus parler à un inconnu. Il était fini. Élise acceptait les petits boulots qu'il refusait, montait à Orly des kiosques pour des publicités ou des expos, s'occupait de lui. Après des années de séparation, ils vivaient désormais une relation déséquilibrée qu'Élise détaille très peu, pudiquement : «J'étais devenue sa maman. »

Le militant professionnel tenta l'expérience d'un journal sur les prisons : *Rebelle*, avec des amis, avec une certaine Nadine Vaujour qu'Élise avait connue en prison et qu'elle appréciait. Je tape ce nom sur Internet. Nadine Vaujour est l'héroïne d'une évasion : en 1986, elle a fait évader son mari, Michel Vaujour, par hélicoptère, de la prison de la Santé. Elle l'avait rencontré par l'intermédiaire de son frère délinquant, était aussitôt tombée amoureuse de lui et, alors qu'elle menait une vie paisible, l'avait suivi malgré ses attaques de banque, en tâchant vainement de le faire changer de vie. Il avait été arrêté lors d'un vol à main armée. Elle avait alors appris à piloter un hélicoptère et avait happé son mari, armé d'un pistolet de plastique et d'une mitraillette en bois — c'est ce qu'elle avait exigé : aucune arme véritable — dans la cour de la Santé. Un récit, adapté ensuite au cinéma avec Béatrice Dalle, avait été tiré de cet épisode.

Le journal n'était pas rentable, personne ne payait et il va de soi que si toutes les biographies valaient celles que je viens d'évoquer brièvement, ces différents personnages ne pouvaient aider Renaud. Il vient un moment où le besoin d'héroïsme, de panache, d'action est une inépuisable morsure pour ceux qui sont à la fois incapables de bouleverser la monotonie du réel et incapables de la supporter. Il faut un courage véritable, un courage du quotidien, pour endurer l'envers du panache et rien ne le montrait mieux que Nadine Vaujour, certes héroïsée aux yeux de Renaud, sans doute, mais menant dans les faits une existence infiniment dure, élevant ses enfants et ceux de son frère, mort entre-temps dans une attaque de fourgon, travaillant chaque jour comme secrétaire, partant chaque week-end sur les routes de France pour rendre visite à son mari hémiplégique, paralysé par une balle dans la tête alors qu'il effectuait encore un braquage cinq mois après son évasion — tout cela pour se voir remplacée par une autre quelques années plus tard. Courage plus souvent féminin que masculin, courage du malheur quotidien, jour après jour, ou nuit après nuit plutôt. Les hommes aiment beaucoup parler et se draper de grands mots. Mais il y a toujours l'envers de l'histoire — souvent assuré par les femmes.

L'alcool fut l'alliée et le bourreau de Renaud. Il buvait contre la réalité, contre les autres, contre l'ennui, contre le néant. Il buvait pour se perdre. Les insomnies le hantaient. Un enfant leur naquit. À l'accouchement, Renaud était ivre.

Le couple partit pour changer de vie. Élise, qui avait été renvoyée de son métier d'institutrice, fut réintégrée dans l'Éducation nationale après le non-lieu et trouva un poste en Haute-Garonne. Renaud était heureux de partir. La fuite toujours. S'échapper. *Anywhere out of the world.* Éden utopie. Il se retrouva dans un petit village au milieu de la nature, sans permis de conduire, sans travail, incapable de s'occuper de son enfant. Les disputes se multipliaient. Violences. Élise s'enfuit avec l'enfant.

Il demeura seul. Il n'y avait plus que l'alcool. Il passait l'essentiel de son temps à boire et à dormir, gisant sur son lit comme un mort. Tout espoir lui manquait. Je suppose qu'il vécut pendant des années de terribles souffrances, d'effrayantes dépressions. Parfois, il accueillait son fils, sans pouvoir échapper à son tourment. Il n'échappait pas à l'alcool, même en présence de son enfant, qui le voyait s'écrouler sur son lit et rester ainsi tout le week-end. Durant une de ces visites, le fils s'enfuit, à l'âge de huit ans, et refusa de revoir son père.

À treize ans, l'adolescent voulut reprendre contact. On appela, tout fut prévu. Renaud était très heureux. Je suppose aussi qu'il en fut très effrayé et que cela le plongea dans une grande angoisse. Au matin, on l'appela. Il ne répondit pas au téléphone. Il était mort. On était en juillet 2007.

Renaud avait un rêve : il voulait écrire.

2

Élise n'en avait pas tout à fait fini avec AD. Certes, elle avait repris son métier, s'était installée avec un nouveau compagnon, menait une vie tout à fait normale. Mais une autre personne l'accompagnait : Nathalie Ménigon. L'être qui logeait chez elle n'avait plus rien de commun avec la jeune femme qui hurlait «Je suis Action directe» ou qui avait tué Georges Besse. J'ai déjà parlé de la destruction de Joëlle Aubron. Nathalie Ménigon était, elle, vivante, mais très affaiblie. En prison, un AVC l'avait lourdement handicapée. Elle s'était rééduquée toute seule, tâchant de parler de nouveau, de se mouvoir. Mais lorsque Élise la revit, au parloir de la prison, attirée par sa personnalité et touchée par sa solitude (contrairement à Aubron, très soutenue par sa famille, Ménigon, fille d'un ouvrier alcoolique, recevait peu de visites) c'était encore une personne handicapée, de sorte qu'au moment où l'ancienne terroriste demanda une libération conditionnelle, Élise proposa de lui fournir travail et logement. Le juge accepta un système de semi-liberté, avec un retour le soir en prison.

Élise et son compagnon, Jean-François, l'accueillirent à la maison un mois après la mort de Renaud. Dans ce nouvel environnement, au milieu de la nature, Ménigon arriva heureuse de sa liberté, un peu effrayée aussi. Elle vit un chat, se dirigea vers lui. De ses mains maladroites, elle prit l'animal, le serra contre elle. Le chat sauta, se libérant de l'étreinte.

«J'adore les chats. J'en suis folle amoureuse», dit-elle.

Le bâtiment où habitaient Jean-François, menuisier, et Élise était une coopérative, avec un jardin où pouvait travailler Ménigon. En réalité, tout travail s'avéra bientôt impossible pour la détenue. Son handicap était lourd, sa mémoire proche altérée. Jean-François lui confiait une tâche qu'elle oubliait aussitôt. Elle se retrouvait l'esprit vide devant un espace à sarcler, ne sachant plus ce qu'elle devait faire, s'esquivant pour aller retrouver un chat qui miaulait sur un mur. Elle n'aidait pas à la cuisine, ne faisait pas sa chambre. Elle s'asseyait pour manger, attendant qu'on apporte les plats. Ensuite, s'allongeant sur une chaise longue, elle se mettait à rêver : le passé était son refuge. Rencognée dans son corps abîmé, les souvenirs venaient l'habiter. Paresse de l'ensevelissement, douceur de la plongée en soi. Elle se roulait en boule sur sa mémoire, son identité disparue et s'éloignait du monde, souffrant de ses handicaps mais se réfugiant en eux, à l'écart du monde et des autres.

D'anciens amis venaient lui rendre visite désormais. Des inconnus, des marginaux, des êtres croisés autrefois, tout ce qui pouvait être attiré par la terroriste la plus célèbre du pays. Personne n'avait vraiment accès à Ménigon, qui restait une femme très seule. Mais c'était néanmoins un mouvement permanent. Le soir, il fallait encore trois quarts d'heure de voiture pour la raccompagner à la prison.

Élise plaida sa propre cause auprès du juge : ces trajets matin et soir étaient trop pénibles. L'homme se rendit chez elle, ainsi que le procureur. Ils virent une handicapée entourée de chats. Ils signèrent la demande de liberté conditionnelle.

Pendant un an, Ménigon vécut à plein temps chez ses hôtes. Le premier soir, l'obscurité, la solitude, le silence l'effrayèrent. Les bruits de la prison ne la rassuraient plus. Cette coquille bruissante, lumineuse, pourtant grise et glacée, était devenue son univers. Et puis ses peurs s'espacèrent mais elle restait cette femme égarée dans son corps que la vie concrète rebutait et bloquait. À la fin de cette année, elle reprit néanmoins son indépendance. Élise me dit qu'elle va assez bien, autant que son corps le lui permet. Les deux femmes se voient souvent.

La famille Béral s'est recomposée loin de Paris. Tous vivent dans l'Ariège, à l'exception de la petite sœur, Karine, qui vit dans le Gard mais rejoint souvent ses frères et sœur. Thierry a abandonné Paris en 1996. Le travail à *Libération* lui prenait toutes ses forces et son temps. Il y travaillait souvent jusqu'à 2 heures du matin et cela résumait toute sa vie sociale, alors qu'il avait eu une petite fille et que sa compagne souffrait de ce rythme. Serge July avait eu l'idée d'une nouvelle forme de journal, que Thierry critique sévèrement : «Un rêve de grandeur délirant, de nouveau. July voulait concurrencer le *New York Times* avec un journal d'une centaine de pages. C'était absurde. *Libé 3*, ça s'appelait. Une nouvelle formule qui créait des tensions avec la rédaction, réclamait de nouveaux capitaux et nécessitait des économies. On me demandait de supprimer le plus possible le secrétariat de rédaction, ce que je trouvais impossible, et en même temps je devais le faire parce que j'étais un des dirigeants du journal. Je me sentais pressuré des deux côtés. Tout ça pour un très mauvais journal, sans inventivité, qui nous fit perdre aussitôt beaucoup de lecteurs et qui signa le début des difficultés pour *Libé*. »

Il démissionna. Son frère Yves s'était installé en Ariège pour y élever des bœufs. Il le rejoignit lorsque sa compagne trouva un emploi d'orthophoniste dans la région, dans une institution pour handicapés. Il tenta quelques activités parallèles à l'élevage, dans une maison d'édition, pour des magazines qu'il voulut créer à Lyon puis à Nîmes. En vain. L'élevage était difficile, payait peu. Thierry passa un CAP de menuisier. «J'aime bien le bois. » Il travaille avec le compagnon d'Élise, Jean-François, tout en donnant des cours au Centre de formation des journalistes, à Paris.

Il n'y a rien d'idyllique en tout cela. Thierry tient à me prévenir contre toute illusion, toute mythologie. Ce n'est pas un retour à la terre, me dit-il, juste une précarité subie qui s'explique par une fatigue de Paris et une absence d'emplois de sa compétence dans la région qu'il a choisie. La nature est belle, oui, mais elle est aussi dure, ingrate et derrière les aubes diamantaires et pures, éclatantes, se dissimule la minéralité froide du monde.

Je lui demande ce qu'il pense, a posteriori, de tout cela. De l'Affaire. Il me dit qu'il se sent coupable envers Élise, qu'il était son grand frère. Il n'aurait jamais dû l'entraîner là-dedans. Et lorsque je lui reparle du protestantisme, il me répète : « Tout est lié. Le protestantisme de la Frater montre l'importance à cette époque d'une vie collective, et par sa rigueur, par sa volonté d'aller jusqu'au bout, il a préfiguré les militants rigides que nous allions devenir. Tous ces discours que nous avons entendus dans notre enfance ont préparé le terrain. »

Il est fatigué. Par cette conversation, par ces souvenirs, mais aussi par les illusions perpétuées de sa jeunesse. Toute sa vie ne sera jamais que l'écho de ces engagements d'adolescence. Ils ont décidé de tout.

Élise m'a proposé à plusieurs reprises de les rejoindre un week-end. Je n'y suis pas encore allé.

3

Installé à Ramatuelle pour les vacances de Noël, je consulte dans le bureau le *Who's Who* de 2005. C'est un énorme ouvrage à couverture rouge de plus de deux mille pages dont le sous-titre est : « Dictionnaire biographique de personnalités françaises vivant en France, dans les territoires d'Outre-Mer ou à l'étranger et de personna-lités étrangères résidant en France. » C'est un objet social, très connoté. Si l'essentiel de l'ouvrage est consacré à ces notices biographiques, les autres rubriques, donnant le nom du président de la République et de ses collabora-teurs, puis du Premier ministre et de son cabinet, puis des députés et des sénateurs, ainsi que des parlemen-taires européens et des ambassadeurs, dresse un certain état du pouvoir dans notre pays, témoignant aussi des liens permanents entre l'État et les élites économiques, médiatiques ou culturelles. La liste des décorations officielles (Légion d'honneur, mérite, arts et lettres…), forme symbolique de ce même pouvoir, entoure de sa guirlande un peu désuète la réalité du *capital*, pour reprendre un terme trop connoté. Un annuaire de la vie pratique (voyages, hôtels, restaurants, guide des médias, usages de correspondance, cercles et clubs, salles de spectacle) dresse aussi un tableau de la sociabilité des élites, sommaire d'un quotidien familier à Danièle et Pierre, dans leur vie sociale et leurs plaisirs : aller dans les bons restaurants, les beaux hôtels, être invité aux spectacles, se rendre aux réunions de certains cercles.

Ajoutons que certaines personnalités refusent d'être dans le *Who's Who*, comble de l'affectation, comme certains qui négligent la cravate dans les cérémonies officielles, parce qu'ils affectent, par orgueil, d'être au-dessus des conventions.

Le détail des biographies serait évidemment un nid, sûrement déjà étudié, pour sociologues (surtout des individus de plus de cinquante ans, blancs et de sexe masculin, avec une dilection particulière pour le titre de directeur de société). On me permettra tout de même de passer et d'aller vers la lettre E.

Je lis la biographie de Pierre jusqu'en 2005, environ la date où il a arrêté de travailler, à soixante-douze ans. La notice liste les prénoms, titres (directeur de société), origine (fils de Mme Eelsen, née Jacqueline Robert), mariage, enfants, études et diplômes, avant d'exposer chronologiquement la carrière, à la façon d'un CV. Comme il y en a une demi-page, je vais m'abstenir, retenant néanmoins quelques titres parallèles à sa carrière principale, dont j'ai déjà parlé : président de l'Association nationale pour le développement des territoires d'outre-mer, administrateur de l'ENA, président du Centre national d'enseignement à distance (CNED), président de l'Observatoire national du tourisme, président-directeur général de Sogindo. Puis viennent les décorations (officier de la Légion d'honneur, commandeur de l'ordre national du Mérite) et les adresses professionnelles et personnelles.

Tout cela est évidemment important pour un être dont la vie s'est construite autour du travail et de la reconnaissance, et les titres sont prestigieux. Si précises que soient ces différentes mentions, elles ne sont évidemment pas la chair de la vie, et même dans le champ professionnel, ne peuvent rendre compte des défaites, des rivalités, des amertumes, des difficultés. Pierre écrivant son journal depuis toujours, je suppose que dans un placard s'accumulent des milliers de pages qui sont l'épaisseur de son existence : émotions, expériences, lectures, voyages, sensations, réflexions. Une histoire lue et relue dans mon adolescence, à l'intérieur d'un de ces nombreux livres aux sentiments bon marché que j'absorbais en perfusion, racontait une traversée de l'océan en solitaire. Par liaison radio — l'histoire était authentique, paraît-il, comme toutes celles du recueil —, l'homme racontait la splendeur de la mer et du ciel, les poissons qui volaient par-dessus le bateau, l'éclat du soleil. Et puis, un jour, il ne communiqua pas. Un autre jour encore. On partit à sa recherche. Son bateau fut découvert, vide. Et on trouva alors son journal de bord. Jour après jour, l'homme écrivait les difficultés d'une entreprise sans cesse contrariée par les vents, les intempéries. Et puis dans un autre journal, il consignait ses pensées, sa solitude, sa peur d'échouer. Sa détresse avant son suicide. Trois niveaux autobiographiques en somme, toujours plus intimes. Tout homme a ses trois niveaux. Chacun est son diariste muet. Des feuillets de Pierre traînent parfois sur les tables et n'évoquent aucun désespoir. Mais le tuf de sensations et de sentiments n'a bien entendu rien à voir avec une notice biographique. Son être est sans doute contenu dans ces milliers de feuillets ainsi que dans le regard de ses proches, en particulier dans celui de ma mère. Une série de reflets. En somme, pas une fonction, mais un homme.

4

Aussi surprenant que cela puisse paraître, il me semble que ce récit familial ne peut s'achever sans l'évocation d'un personnage que nous avons brièvement rencontré enfant mais qui se fit connaître par la suite : Lionel Jospin.

Celui-ci s'est éloigné (comme tous les autres finalement) de la Frater et je suppose que, contrairement à Thierry, il ne reconnaîtrait pas l'influence de cette communauté sur sa vie et ses conceptions. Et parce qu'il me semble que toute vie se bâtit sur des ruptures, et notamment sur une rupture avec ses origines, cela me semble nécessaire.

Les médias ont toujours aimé les clichés sur Jospin : l'austère protestant, le rigide Jospin. Et la communication politique a toujours aimé rompre avec ce cliché pour lui substituer d'autres clichés : «l'austère qui se marre», formule d'une rare banalité, ou «celui qui a fendu l'armure». Alors qu'au contraire cette austérité, cette rigidité, qui se déchiffre même dans son élocution, toujours un peu engoncée et rigidifiée, sans souplesse, toujours à la recherche de la formule la plus juste, ce qui l'entraîne dans de lourdes circonlocutions, me semblait justement sa forme de sincérité. Une gêne face à la facilité et la corruption du monde, si convaincante face aux beaux parleurs et aux sophistes.

Secrétaire général du Parti socialiste durant le premier septennat de François Mitterrand, il fut ensuite ministre de l'Éducation nationale puis Premier ministre durant une période faste pour le pays, avant d'être battu à l'élection présidentielle de 2002, alors qu'il avait à l'évidence la stature d'un bon Président. Son gouvernement rassembla des personnalités dont j'avais beaucoup entendu parler, notamment Dominique Strauss-Kahn et Martine Aubry. Strauss-Kahn ministre de l'Économie et des Finances connut tous les succès avant de devoir démissionner pour son rôle dans le refinancement de la mutuelle des étudiants, la MNEF : il fut relaxé et le

266

jugement ne retint rien d'autre qu'une facture antidatée. Depuis, le monde entier a eu vent des affaires liées à cet homme. Mon beau-père, dirigeant de la MNEF à la suite de ce refinancement, fut inquiété par les journaux mais pas par la juge Eva Joly, qui le disculpa dès le début dans un courrier. Encore une fois, effet de milieu : la classe dirigeante d'un pays n'est jamais très large et tout le monde se retrouve, pour le meilleur et pour le pire.

Peu avant l'élection présidentielle, les journaux révélèrent la période trotskiste de Jospin. Celui-ci se défendit, évoqua une confusion avec son frère Olivier, puis avoua, tout en affirmant qu'il avait abandonné tout lien politique, sinon amical, depuis 1973. Un Premier ministre militant révolutionnaire ! En réalité, la trajectoire de Lionel Jospin n'a rien de surprenant et s'il s'en défendit bec et ongles au début, c'est parce que l'esprit du temps avait changé. Comme aurait dit Michel, l'opinion publique commettait un péché d'anachronisme. On pouvait être trotskiste dans les années 1970 et privatiser dans les années 1990 : les consciences avaient changé. Lionel Jospin ne fut à mon sens que le paroissien le plus célèbre de la Frater, suivant l'évolution commune à plusieurs d'entre eux : éducation protestante, révolution, socialisme, capitalisme tempéré. D'une certaine façon, l'histoire de la gauche dans notre pays aussi.

Je l'ai vu dans un film la semaine dernière : il jouait quelques minutes son propre rôle dans une comédie politique très drôle, *Le Nom des gens*, où une jeune femme couchait avec des électeurs de droite et d'extrême droite qu'elle détestait pour les amener à la vraie foi socialiste. Et elle offrait en cadeau au socialiste *jospiniste* dont elle était amoureuse une visite de Lionel Jospin. Celui-ci était fidèle à lui-même : un peu maladroit, la lèvre supérieure tremblante dans la diction d'un exercice nouveau pour lui. Suis-je jospiniste ?

5

Lorsque j'ai publié mon premier roman (pensant entrer dans un autre espace, dans *la vie d'écrivain*, si sanctifiée, très étonné au fil des mois de constater que mon existence en réalité ne changeait pas, que je n'avais pas traversé l'empyrée pour accéder à une existence lumineuse), j'ai appelé ma grand-mère, qui fut contente pour moi et me dit cette phrase étrange :

« Il y a tout de même quelques joies dans la vie. »

J'ai été très surpris de ces mots, d'autant que j'étais dans une période heureuse. Quelques joies ? Ma grand-mère, dans sa longue vie, n'avait-elle eu que quelques joies ? Cela signifiait donc que durant toutes ces années où je l'avais connue, tenant bon, solide, gaie aussi, elle les tenait pour du malheur, ou de la grisaille, ponctuée de quelques joies ? Cette grand-mère des vacances, des fêtes de famille, des mercredis après-midi ?

Quand j'y repense, il me semble en réalité que Madeleine affrontait une vieillesse difficile qui devait l'attrister. Elle avait quatre-vingt-dix ans, et même si elle avait surmonté sa vie durant les douleurs, les réticences, les impossibilités de son corps, l'âge avouait sa défaite. Un coffret translucide de médicaments l'accompagnait désormais en permanence, avec un tube pour chaque jour, lui-même séparé en matin / après-midi, avec des gélules de couleurs différentes qu'elle absorbait avec régularité, sans un mot. Et ce livre que j'avais écrit, elle ne pourrait jamais le lire, parce qu'elle voyait désormais très mal. Il lui avait fallu d'abord des livres avec de grandes lettres puis même cela était devenu inutile. La télévision lui était encore à peu près accessible, en son trouble mélange de son et d'images, avant de clore également son divertissement, la laissant seule.

Lorsqu'elle pouvait encore lire, Madeleine m'avait demandé de lui prêter des livres. «Pas trop difficiles», avait-elle précisé. Je lui avais apporté des romans de mon adolescence, un roman de Jack London, *Le Loup des mers*, et un autre nommé *Petit Arbre*, dont je n'ai aucun souvenir à l'exception du titre. Ma grand-mère m'avait regardé, soupçonneuse : «C'est pas un livre pour enfants, au moins? Tu ne me prends pas pour une débile?»

Il y avait toujours cela chez Madeleine : la crainte de passer pour stupide. Elle n'avait pas fait d'études, elle disait elle-même qu'elle n'avait rien dans la tête mais le regard des autres sur sa supposée ignorance l'effrayait. Elle avait eu peur de l'école et subsistait pour toujours une timidité devant les connaissances, les livres, et une admiration mêlée de méfiance envers «ceux qui parlaient (trop) bien». Elle votait à gauche mais elle estimait Alain Juppé pour sa fluidité de parole tandis que les sursauts et les heurts de Nicolas Sarkozy la scandalisaient. Les hommes politiques devaient bien s'exprimer.

De là aussi ses rapports avec moi. Elle respectait beaucoup mon amour des livres tout en me traitant de temps à autre de *rat de bibliothèque*. Élevé comme un bourgeois par ma mère, elle m'appelait ironiquement *Sa Majesté*. Et elle m'avait offert un jour un bol sur lequel on pouvait lire : *le plus snob*. Ce qui m'avait beaucoup vexé.

Un écrivain qui lui posait problème : Marcel Proust. Elle avait regardé, tourné les pages, cela lui semblait beaucoup trop compliqué pour elle. Et pourtant, elle le respectait beaucoup, comme elle respectait tous les grands écrivains, mais avec une sorte d'admiration désenchantée, comme d'un monde qui n'était décidément pas pour elle.

Je me suis souvent dit que je n'écrirais pas de livres que ma grand-mère ne pourrait lire. Aucune scène de sexe. Le fait est que la cécité puis la mort l'ont empêché d'en lire aucun. Mais le vœu subsiste.

Madeleine a toujours exprimé une certaine méfiance envers la bourgeoisie, milieu qui ne lui était pas étranger pourtant, d'abord par Sarah puis par sa propre fille. Mais elle regardait toujours cela avec distance, comme si on ne la lui faisait pas — cette méfiance trahissant bien sûr sa timidité, son manque de confiance. Des amis de Pierre et de ma mère, elle disait : « Ce ne sont pas des vrais amis, juste des relations. » Il fallait qu'elle y trouve à redire. C'était important pour elle. J'avais l'impression qu'il s'agissait de son équilibre, comme un niveau d'eau qu'il faudrait préserver, et qui tenait à sa place dans la société. D'un côté, elle aimait la beauté qui allait avec l'existence bourgeoise — les beaux lieux, les voyages, l'aisance de la vie matérielle… — tout en se méfiant de toute contamination sociale par une hostilité polie. Elle n'aimait pas les riches. C'était radinerie et compagnie.

Elle avait beaucoup d'expressions figées. «Un jour tu oublieras ta tête.» Ou des refrains de chansons, qui jouaient le même rôle. Il suffisait d'un mot dans une phrase, au cours d'une conversation, pour qu'elle se mette à entonner une chanson qui utilisait le même mot. Le vieillissement a accentué cette manie. On la regardait avec un peu de gêne, le sourire crispé. Pierre se moquait de ces rengaines, je lui en voulais de se moquer, mais bon, il faut bien avouer…

Quelques années avant sa mort, ma grand-mère fit refaire les peintures dans son appartement et poser un nouveau parquet. Ma mère en fut heureuse, elle y vit une preuve de son attachement à la vie. Et c'était vrai. Parce que malgré les tristesses, les découragements, les amertumes, il y avait, par-dessus tout, cet amour forcené de la vie, viscéral, un amour parfois sans joie, sans plaisir, mais plus profond que tout.

Elle disait encore : «Mon rêve, c'est d'aller voir les pyramides d'Égypte.» Elle utilisait bien ce mot : mon rêve. Elle a toujours évoqué, comme un voyage mirifique, l'Égypte et ses pyramides. Elle rêvait du sphinx, des felouques sur le Nil, d'un songe plus âpre et plus insistant à mesure que les voyages et même les déplacements lui furent interdits.

Elle aimait voir la mer. Elle ne se baignait jamais et d'ailleurs, je n'ai même jamais vu les jambes de ma grand-mère, d'une génération très pudique. Elle ne savait pas nager, ne faisait jamais de sport, même si elle aimait que ses petits-enfants en fassent. Mais oui, elle aimait voir la mer. Avec sa canne, à Ramatuelle, vieille femme aux robes anachroniques au milieu des estivants presque nus, elle marchait le long de la plage. Et lorsque les forces lui ont manqué, elle s'est contentée d'aller contempler la mer, en voiture, immobile sur le siège, le regard fixé sur les lointains.

De moi, qu'elle aimait tant, elle dit un jour, et ces propos me furent rapportés : « Fabrice, c'est un égoïste. » Ce qui était parfaitement vrai. Ma grand-mère faisait partie des étoiles fixes de ma vie. Je n'avais pas besoin de me manifester beaucoup. Elle faisait partie de mon éternité, d'un univers immuable. Mais elle, elle aurait bien voulu que je comprenne que tout cela n'était pas éternel et qu'un jour, il ne resterait d'elle qu'un fouissement de terre, dans le jardin de Ramatuelle, avec ses cendres enterrées devant la mer qu'elle se plaisait à contempler.

Madeleine, je l'ai dit, était infirmière. Ses métiers furent nombreux mais il me semble qu'elle n'eut vraiment que celui-là. Pendant les vacances de la Toussaint, jeune homme, alors que j'étais seul avec elle, je tombai malade. Elle me soigna. Son savoir était rassurant depuis mon enfance. Mais lorsqu'elle-même tomba malade, de cette maladie qu'est l'extrême vieillesse, je n'étais pas là. Personne ne me le demandait et ma grand-mère n'y pensait d'ailleurs pas une seconde, car jamais elle ne se serait montrée dans sa faiblesse à son petit-fils, mais le fait est que je n'étais pas là. Je l'appelais, j'allais chez elle à intervalles réguliers mais je me dis maintenant que je n'étais pas là. Ma tante Jacqueline était là, tous les jours, jusqu'à l'épuisement.

Ma grand-mère de plus en plus silencieuse aux repas, ne goûtant plus qu'aux plaisirs de la nourriture, et pourtant maigrissant toujours davantage, comme si la vie et la chair se retiraient lentement de son corps. À Ramatuelle, elle restait immobile des heures sur les chaises longues, à l'ombre. Lorsque le soleil l'atteignait, elle se protégeait d'une main parsemée de taches brunes, déformée par les ans, cillant à la morsure des rayons avec un mélange d'éblouissement et de plaisir.

Un jour, son dernier été à Ramatuelle, avant de ne pouvoir se déplacer, elle demanda à aller voir la mer en voiture. Elle devait savoir que c'était une des dernières fois car elle sembla s'emplir de cette vision.

Presque deux ans avant sa mort, elle me dit : « J'aimerais bien mourir mais je n'ai pas le courage de me suicider. » C'était une femme qui s'était accrochée à la vie avec une énergie sans pareille et c'était cette même femme qui me disait cela. En effet, elle ne voulait plus vivre. Elle était dans les limbes, dans une sorte de vie suspendue, douloureuse, très faible, où elle ne faisait que subsister. Elle aurait voulu choisir sa mort. Si elle avait eu des pilules pour mourir, elle les aurait prises. Mais elle ne voulait pas d'une mort violente, par la fenêtre.

Alitée, épuisée, elle voulait tout de même s'habiller, et elle voulait que le lit soit fait, alors qu'elle était en train de mourir. Ma tante Martine : « C'était une femme dure, mais avant tout dure pour elle-même, avec une force de caractère exceptionnelle, par nécessité, parce que sinon elle serait morte. Je ne pense pas qu'il y ait encore des gens comme cela. »

Et puis, il y eut un jour où elle voulut vraiment mourir. Les deux dernières semaines, elle refusa de s'alimenter, de boire. Elle était à l'hôpital et la dernière fois que je l'ai vue, dans une position de fœtus qui n'avait jamais été la sienne, son corps si petit, si réduit, sans plus de contact avec l'extérieur, elle était passée de l'autre côté, dans un univers où plus personne n'existait et où la seule prière qui subsistait était que tout cela s'arrête.

Et tout s'arrêta.

La Bible noire. Madeleine possédait une grosse Bible noire, massive. Durant mes études, elle me l'offrit. C'était un ouvrage qui datait d'avant même la Frater, avec des pages jaunies et piquetées, odorantes, desquelles s'élevait le parfum d'une époque révolue, terriblement lointaine. Lorsque je l'ouvris, quelques pages de calendrier chrétien en glissèrent, détachées du passé. Plus tard, tournant les pages, je trouvai une feuille d'arbre desséchée, cristallisée, mystérieuse, comme dans un vieux grimoire.

Les premières pages, sorte de registre de famille pour un livre destiné à se nouer à l'existence, à être une vie dans la vie, étaient parcourues d'une grande écriture à l'encre défraîchie : sur une ligne, en haut de la page, le nom *Gabriel Valin* puis, une ligne plus bas, *épouse,* puis, encore plus bas, *Madeleine Arlicot.* À la page suivante, sous la ligne *enfants,* étaient inscrits de la même écriture les noms Gilbert, Jacqueline, Geneviève, par ordre de naissance. La traduction, protestante, faisait remonter l'ouvrage à la conversion de ma grand-mère, lors de son premier mariage. Lorsque j'ai écrit un discours pour l'incinération, j'ai voulu en extraire une sentence bien choisie, de cette fatalité vibrante qu'on trouve souvent dans la Bible. En vain. Quelques années après sa mort, il ne reste de ma grand-mère que cette Bible, quelques meubles dispersés chez les uns et les autres, une photo prise à Ramatuelle, à l'occasion de mon premier mariage, saisissant une très vieille femme, souriante sous son chapeau. Sa vraie incarnation, c'est au fond sa famille, l'étrange duplication de son être, fragmentaire, affaiblie et pourtant persistante, comme une résistance permanente à la dilution complète du sang. Des traits, des attitudes, des gestes — une forme de communauté, par-delà les oublis et les négligences du quotidien, par-delà les tragédies et le vieillissement, qui unit les êtres en une famille.

6

Alors que ce livre était achevé depuis plusieurs mois, attendant les innombrables retouches et corrections qui scellent une publication, j'ai fait une escale chez mon oncle et ma tante, Jean-Pierre et Martine, qui habitent en Dordogne. À l'issue de mon séjour, presque au moment où je devais partir, ma tante m'a sorti l'album de photos de ma grand-mère. Je m'étais souvent demandé ce qu'il était devenu, sans vraiment poser de questions, parce que je n'étais même plus certain de son existence. Il était là, dans une caisse, au milieu d'autres photos, dont certaines remontaient à plus d'un siècle. Un album cartonné, avec une couverture de cuir et un fermoir. Je l'ai ouvert. Sur la première page étaient insérées des photos de Madeleine et de Sarah, enfants, toujours ces clichés aux personnages endimanchés. Derrière les enfants se tiennent les parents de Madeleine : un père en chapeau melon et costume, à la posture un peu courbée, aux mains noueuses et bronzées d'ouvrier, le visage prématurément ridé. Une mère — qui n'allait pas tarder à mourir —, à l'expression un peu hébétée.

D'autres clichés encore avec les deux enfants, un bain de mer, plus naturel que la photo endimanchée, mais tout de même la pose figée, sérieuse et légèrement méfiante devant l'objectif. Quatre personnes inconnues derrière elles, la famille, sans doute, mais qui?, grosses et mamelues, avec de vraies trognes.

La France qui se révèle n'a rien de commun avec le pays que je connais : les habitants, les villes, les voitures appartiennent à un lointain passé.

Les enfants naissent : Gilbert, Jacqueline, Geneviève. Pas de photos du premier mari. Différents lieux avec les trois enfants. Énorme tignasse de ma tante Jacqueline. Sarah, les enfants de Sarah.

Le temps encore. Les enfants du deuxième mariage : Danièle, Jean-Pierre. Ils jouent dans le ruisseau. Ma mère en culotte dans la rue, enfant, avec un seau qu'elle tire du ruissellement des égouts. Une autre France et un autre milieu, de toute évidence.

Les années. L'adolescence. Des communions. Des mariages. Des bébés soudain, ceux de Gilbert, de Geneviève. Puis mon univers tout d'un coup : ma mère, mon père, moi. Mes cousins, Arnaud et David, à la campagne surtout. Tout le monde grandit, les traits changent, d'autres vieillissent, blanchissent. C'est le Temps qui glisse de page en page, de photo en photo. Des anniversaires : Christian et Michèle, le côté de Sarah. D'autres enfants encore naissent. Et comme je connais par cœur, par une sorte de reconnaissance enfantine, les traits de mes cousins, je m'aperçois qu'ils se dupliquent dans leurs enfants mais aussi leurs neveux.

C'est donc ça, une famille ? Une étrange répétition ? Le même sang qui duplique des êtres ? Ma grand-mère, me voyant un jour piquer du doigt les miettes sur la table, me dit : « Tu as exactement les gestes de ton père. C'est toujours ce qu'il faisait à la fin des repas. »

Ma tante Jacqueline, si forte et résistante autrefois, grimpant jusqu'au sommet du mont Blanc à plus de cinquante ans, skieuse émérite à plus de soixante, s'est mise progressivement à se fondre en ma grand-mère, maigrissant, soufflant comme le faisait sa propre mère. Un jour où elle se trouvait assise dans la pénombre, sur un canapé, silhouette repliée sur la lecture d'un magazine, je sursautai, croyant voir ma grand-mère.

Lorsque je contemple les trois sœurs rassemblées,

Jacqueline, Geneviève et Danièle, même si celle-ci est nettement plus jeune, un reflet court de l'une à l'autre, vacille, trébuche et se reprend : l'image de leur mère pénétrant les traits, le nez, par-delà les différences et les âges. Et il suffit de grossir un peu les traits pour trouver les deux frères.

Un souvenir de ma mère, qui a si souvent critiqué les petitesses de Madeleine, me revient. Elle était assise sur une chaise longue, à Ramatuelle, au soleil. Sa main s'était portée sur son visage, pour se protéger du soleil, et ses doigts s'étaient écartés, dans le même mouvement fragile que Madeleine, *cillant à la morsure des rayons avec un mélange d'éblouissement et de plaisir.*

Je suis arrivé à la fin de l'album. Près d'un siècle s'est écoulé. Les photos en noir et blanc se sont transformées, les couleurs se sont imposées, puis le numérique, à la fin, l'a emporté. Les poses sont devenues plus naturelles, la photo n'a plus été ce moment vaguement inquiétant, cette exposition de soi, mais la saisie d'un instant, souvent à l'improviste. Deux cousines qui se disaient sœurs ont grandi, vieilli, puis sont mortes. Elles ont eu leur destin et leur grandeur, mêlée d'insignifiance, comme tous les hommes. Elles ont engendré enfants et petits-enfants, qui ont également eu leur insignifiance et leur grandeur, comme tous les hommes. Chacun, un jour ou l'autre, a eu sa part du paradis et puis chacun en a été chassé, comme d'habitude. Bref, l'histoire d'une famille.

Et puis j'ai refermé l'album.